L'ALLIANCE

FRANCO-PRUSSIENNE

Paris. — Imprimerie de Adophe Lainé, rue des Saints-Pères, 19.

L'ALLIANCE
FRANCO-PRUSSIENNE

— « Le vieux système est à bout ;
le nouveau n'est point assis. » —
(NAPOLÉON.)

— « Il n'y a pas eu une seule
faute commise ! » —
(ROUHER.)

— « Le principe nouveau qui régit
l'Europe est la liberté des alliances. » —
(DE LA VALETTE.)

PARIS

LIBRAIRIE DU LUXEMBOURG

16, RUE DE TOURNON, 16

1869

PRÉFACE.

— « *L'idée napoléonienne est comme l'idée évan-* « *gélique...* elle fuit le luxe et n'a besoin ni de « pompe ni d'éclat pour pénétrer et se faire rece- « voir ; ce n'est qu'à la dernière extrémité qu'elle « invoque le dieu des armées. Humble sans bassesse, « *elle frappe à toutes les portes...* reçoit les in- « jures sans haine et sans rancune *et marche tou-* « *jours sans s'arrêter...* parce qu'elle sait que la lu- « mière la devance... *et que les peuples la suivent!...* »

NAPOLÉON III.

« *Ai-je donc régné sur des pygmées en intelli-* « *gence, qu'ils m'aient si peu compris ?* s'écriait « Napoléon à Sainte-Hélène dans un moment « d'humeur. Que son âme se console ! Les « masses depuis longtemps lui ont rendu jus- « tice (1) ! »

Napoléon III, qui transcrivait, il y a trente ans, ces paroles du grand Empereur, pourrait-il aujourd'hui, en qualité de souverain de la France, adresser à son tour en son propre nom le même reproche à ses contemporains ? Aurait-il le droit de se plaindre des « *masses qui l'ont si peu compris* » ? Non, à de certains égards, il n'en aurait pas le droit ; nous disons plus, *il n'en a pas la prétention,* et, ce qui le prouve, c'est

____

(1) *Des Idées Napoléoniennes,* p. 34.

que jusqu'à présent tous ses désirs et tous ses efforts ne tendent qu'à une chose : *se faire méconnaître...*

Néanmoins il y a des limites à tout, et si nous acceptons et comprenons des différences de conviction, d'opinion, de jugements, et même de préventions, il est un fait qui nous étonne au suprême degré : c'est que jusqu'à ce jour aucun organe de la presse indépendante, aucun écrivain parmi les nombreux publicistes de notre époque (nous faisons une exception pour les initiés qui se taisent à dessein), ne nous ait donné une saine appréciation des tendances de la politique impériale, ne nous ait montré, au moins par à peu près, sur quelle route et vers quel but grandiose nous voyons marcher d'un pas ferme et hardi à la tête de la France, avec une force de volonté et une logique inébranlable, *l'élu du peuple*, le sauveur et le bienfaiteur de l'humanité opprimée.

En prenant la plume pour combler cette lacune, nous commençons par protester contre le reproche possible de présomption excessive. Nous n'avons pas la ridicule prétention de jouer le rôle de *Mentor ;* nous ne nous targuons nullement d'infaillibilité. Dieu nous garde de tant d'orgueil ! Mais si nous ne voyons pas *plus loin et mieux* que les autres, nous voyons du moins *autrement !...* Par conséquent, qu'importe que nous jetions dans la variété des opinions une opinion de plus ?

Dans cette France, où chaque jour on déplore si hautement la mort tragique de la liberté de glo rieuse mémoire; dans cette *triste époque bonapartiste d'intolérance et de servitude de la presse...* où nos *modernes Catons*, fabricants de « *Lanternes* », de « *Cloches* », « d'*Observateurs* », de « *Figaros* » et de tous les « *Diables à quatre* »*....* sont forcés, comme les apôtres de l'idée chrétienne au temps de Néron, de présenter, *des profondeurs souterraines, à la dérobée...* et d'une main *désintéressée*, le baume d'une nourriture spirituelle, *saine et morale, à l'humanité souffrante;...* sous ce « *gouvernement personnel* »*...* il est encore resté, ô miracle !... assez de liberté pour qu'il soit permis aux ministres *irresponsables* de « *commettre des fautes* » impunément, et aux ex-ministres *responsables* d'une dynastie déchue, de critiquer la « *politique de chimères* » de Napoléon III.

Pourquoi donc, nous autres profanes, n'aurions-nous pas aussi le droit de compter à notre tour « *les fautes commises* » par ceux-là même qui énumèrent si scrupuleusement « *les fautes commises* » par les autres ?

En étudiant Napoléon III et la politique du

gouvernement français à un point de vue tout nouveau, nous savons, hélas ! que nous sommes en opposition avec... l'*Opposition;* — que nous sommes en désaccord avec les amateurs de «*Figaros* », de « *Cloches* », « d'*Observateurs* », *e tutti quanti.* — N'importe, nous n'avons ni la prétention ni le courage de descendre dans l'arène et de nous mêler à ce tournoi du pamphlet ; car nous ne possédons ni la lumineuse « *Lanterne* » *de Diogène...* ni un *tonneau commode...* dans lequel nonchalamment étendu, et nous drapant en *victime intéressante...* nous puissions nous *chauffer* aux rayons dorés *du soleil de la fortune...* en lançant de cyniques défis aux Alexandres de Macédoine !...

Mais si, d'une part, nous sommes partisan de cette maxime : « *qu'il faut laver son linge sale en famille »,* si nous condamnons bien haut toute cette légion *de fournisseurs de libretti scandaleux pour la musique charivaresque du Kladderadatsch de Berlin,* chaque jour entonnée par les Prussiens en l'honneur de Napoléon III et de la France ; d'autre part, pourtant, nous devons déclarer franchement que nous gardons toute notre liberté de pensée et d'action ; que nous ne sommes à aucun degré un *officieux* ou un *initié,* et, par suite, que notre appréciation de la politique du gouvernement n'a d'autre valeur que celle *de notre jugement personnel*, et ne représente que l'*opinion d'un individu*.

Nous avons l'intention de publier une série d'articles politiques sous ce titre : « l'*Alliance franco-prussienne* », et c'est la première livraison que nous soumettons au jugement éclairé du lecteur. Notre travail nous ayant été inspiré par des motifs purs et désintéressés, et n'ayant nous-même d'autre but que de servir la cause commune dans la mesure de nos forces, nous le publions sans nom d'auteur. Mais, si nous n'avons pas dessein d'engager une polémique suivie, nous répondrons cependant aux objections d'une critique sérieuse dans les parties suivantes de notre publication.

Paris, le 1er janvier 1869.

I.

L'EMPIRE, C'EST LA PAIX

I.

L'EMPIRE, C'EST LA PAIX.

Mémorables paroles, tombées de la bouche de Napoléon III, et que nous entendons sans cesse répéter autour de nous comme une preuve irréfutable de cette vérité qu'ici-bas on ne peut croire ni se fier aux promesses engageantes des personnages les plus puissants de ce monde.

— « *L'Empire, c'est la paix,* » disent ironiquement les critiques, et la paix, c'est la Crimée, le Mexique, Solférino, Rome, la Chine et... une inquiétude éternelle !...

Sans doute, au premier abord, le reproche semble très-fondé ; mais, quand on veut asseoir sur *deux mots* un acte d'accusation, c'est bien le moins qu'on pèse soigneusement le sens, la valeur, bref *la pensée* de ces deux mots.

L'empire, c'est la paix, a dit Napoléon III ; reste à savoir seulement dans quel sens il l'entendait.

Les critiques scrupuleux et consciencieux, qui analysent et apprécient les paroles de l'Empereur, doivent avant tout se demander quand et dans quelles circonstances elles ont été prononcées ; ils doivent se rappeler que, depuis l'avénement du neveu du *martyr de Saint-Hélène,* ce n'est pas eux seulement, mais l'Europe, mais le monde entier, qui épie et commente chacun de ses pas et de ses gestes, chacune de ses pensées et de ses expressions ; aussi les critiques trop sévères devraient-ils comprendre qu'un homme d'État comme lui, que le pilote qui dirige la France au milieu des tempêtes, des dangers et des complications politiques, est souvent forcé de se rappeler ce mot de Talleyrand : « *La parole a été donnée à l'homme pour déguiser sa pensée.* »

Napoléon III, en disant : L'Empire, c'est la paix, n'a pas voulu, de gaieté de cœur, souiller ses lèvres d'un mensonge ; mais, s'il n'est pas étonnant que le vulgaire ne l'ait pas compris, nous ne pouvons nous expliquer comment il se fait que *sa véritable pensée,* voilée, nous l'avouons, sous un jeu de mots spécieux, ait pu échapper à l'attention de ceux qui ont l'habitude d'aller au fond des choses. L'auteur des « *Rêveries politiques* » et des « *Idées* » (un « *idéologue* » par conséquent, selon l'honorable M. Thiers, un créateur du système de « *la politique des chimères* ») ; l'auteur de « *l'Analyse de la question des sucres* » et de « *l'Extinction du paupérisme* » (et par conséquent un philanthrope et un économiste); l'auteur du « *Manuel de l'artillerie* », des « *Considérations militaires sur la Suisse* », du « *Passé et avenir de l'artillerie* » (et par conséquent un spécialiste en fait d'art militaire); l'auteur des Traductions de Schiller (et par conséquent un amateur de poésie); enfin l'auteur des « *Fragments historiques* » et de « l'*Histoire de Jules César* » (et par conséquent un historien curieux d'antiquités latines et grecques), n'a-t-il pas acquis le droit de demander aux critiques *de ne pas perdre leur latin et leur grec...* en entreprenant d'analyser et de commenter ses profondes paroles?

L'empereur Napoléon, en qualité d'homme d'État, ne peut-il exiger que, dans ces paroles *prononcées en public*, au lieu de s'attacher aveuglément à la lettre des mots tombés de ses lèvres, on cherche une portée politique, on attache quelque importance au sens de sa pensée qui, bien que parfois ingénieusement voilée sous les figures et les images dont elle aime à se revêtir, n'en est pas moins sévère, grande, profonde et sublime?

> — « Si la destinée que me présageait ma naissance
> « n'eût pas été changée par les événements, neveu
> « de l'empereur, *j'aurais été un des propagateurs*
> « *de ses idées,* un des défenseurs de son trône ; j'au-
> « rais eu la gloire *d'être un des piliers de son*
> « *édifice !...* (1) »

---

(1) *Des Idées Napoléoniennes,* Préface, p. 13.

Remarquons bien ceci : dans la bouche de l'auteur des paroles précédentes, qui plus tard disait à l'Europe du haut du trône de France : l'*Empire, c'est la paix*, que pouvait signifier ce mot « l'Empire ? »

Napoléon III, en le prononçant, ne pensait-il qu'à la forme extérieure et matérielle du gouvernement qui existe en France depuis dix-sept ans? Ne parlait-il que de lui-même? Ne voulait-il désigner que *les limites de son propre règne?* «L'*Empire*, » pour lui, était-ce le règne de Napoléon III? En ce cas, nous l'avouons, cette phrase « l'*Empire c'est la paix* » serait en contradiction avec les faits, avec la vérité, ce serait un... paradoxe !

Mais si (et nous en sommes certains), sous ce mot « l'*Empire* » l'auguste orateur comprenait et voulait nous faire comprendre : la domination, l'Empire des napoléonides, le règne passé, présent et futur de la *dynastie napoléonienne...* Oh ! dans ce sens, « l'*Empire, c'est la paix* »; oui, c'est la paix durable ; car c'est... la liberté !

Oui, nous le répétons, c'est la liberté des peuples; car l'Empire napoléonien, c'est le règne, la domination, l'extension, l'autorité universelle de

   — « ... l'idée napoléonienne, *qui est comme l'idée* « *évangélique* qui frappe *à toutes les portes...* et « *marche toujours* sans s'arrêter, parce qu'elle sait

> — « que la lumière la devance et que *les peuples la*
> « *suivent* (1) ! »

Napoléon III est-il sur la terre un envoyé de la Providence ? C'est ce que nous ne saurions dire ; mais ce qu'il y a de certain, c'est qu'il se croit appelé comme César, Charlemagne, Napoléon Ier, à remplir dans l'histoire *une grande mission.*

Cette seule raison devrait suffire, lorsqu'on apprécie sa politique, ses actes, ses documents, ses paroles, pour qu'on ne le regarde pas simplement comme un monarque ordinaire, mais qu'on reconnaisse en lui l'apôtre, le missionnaire, le « *propagateur d'une grande idée...* » Alors seulement, chacune de ses paroles qui, nous l'avouons, semble parfois ambiguë et empreinte de mysticisme, deviendra claire et intelligible.

« *L'Empire, c'est la paix !* » Mais les premiers « *propagateurs* » de la religion du Christ, en apportant aux hommes la croix et la doctrine divine, n'employaient-ils pas aussi ce grand mot : « *Paix à vous* »; pour saluer l'humanité opprimée et souffrante ?...

> — « Lorsque la Providence suscite des hommes tels
> « que César, Charlemagne, Napoléon, *c'est pour*
> « *tracer aux peuples la voie qu'ils doivent suivre,*
> « marquer du sceau de leur génie *une ère nouvelle*

---

(1) *Des Idées Napoléoniennes,* p. 9.

— « et accomplir *en quelques années* le travail de
« plusieurs siècles !

« Heureux les peuples *qui les comprennent* et
« les suivent ! Malheur à ceux *qui les méconnais-*
« *sent... et les combattent !* Ils font comme les Juifs,
« *ils crucifient leur Messie...*

« Ils sont *coupables,* car ils ne font *que retar-*
« *der le progrès,* en entravant sa prompte et fé-
« conde application !... (1) »

L'auteur de l'Histoire de la vie de Jules César
ne se rend-il pas témoignage à lui-même par les paroles qui précèdent ?

« Le Messie » disait aux Juifs : « *Mon royaume n'est
pas de ce monde* » ; néanmoins, « *méconnu par les
peuples* », il mourut sur la croix... comme roi de
Juda !

L'Empire, c'est la paix, dit Napoléon III ; grande
et profonde vérité, car l'Empire des Napoléonides,
ce n'est pas « *une chimère* », selon l'obligeante expression de M. Thiers ; c'est la RÉSURRECTION, *c'est la*
LIBERTÉ *des nationalités* opprimées et persécutées !

— « ... Mais *l'enfantement de la liberté est péni-*
« *ble... et l'œuvre des siècles ne se détruit pas sans*
« *des secousses terribles.* La liberté suivra la même
« marche que la religion chrétienne. *Arme de*
« *mort* pour la vieille société romaine, le Chris-
« tianisme a excité pendant longtemps la crainte
« et la haine des peuples ; puis, à force de mar-

---

(1) *L'Histoire de Jules César.* Préface, p. VI.

> — « tyrs et de persécutions, la religion du Christ
> « a pénétré dans les esprits et dans les consciences;
> « bientôt elle eut à ses ordres des armées et des
> « rois... Constantin et Charlemagne la promenè-
> « rent triomphante en Europe. Alors la religion
> « déposa ses armes de guerre ; *elle dévoila à tous*
> « *les yeux les principes d'ordre et de paix qu'elle*
> « *renfermait,* et elle devint l'élément organisateur
> « des sociétés, l'appui même du pouvoir.
> « Il en sera ainsi de la liberté (1). »

« De la liberté? » Mais la liberté, c'est « l'*Em-pire* »; et l'empire, c'est la paix !

Mais « LA PAIX » ce n'est pas la Sainte Alliance ; ce n'est pas la paix des traités de Vienne !

La *paix du monde,* c'est l'Italie libre depuis les Alpes jusqu'à l'Adriatique, c'est la Pologne indé-pendante, c'est l'unité de l'Allemagne, c'est l'union Scandinave et Ibérique, c'est la solution du pro-blème de la Turquie !... La paix du monde, c'est le progrès, la civilisation, l'industrie, le com-merce ; c'est la liberté, *la fraternité des peuples!...* Et par suite, « L'EMPIRE, C'EST... LA GUERRE ! car « l'Empire », de même que la liberté,

> — « ... c'est *une arme de mort* pour la vieille so-
> « ciété romaine !... »

Voilà la véritable signification de ce moderne oracle de Delphes, et en voici *le commentaire élo-*

---

(1) *Des Idées Napoléoniennes,* p. 23-25.

quent dans le fameux discours de Napoléon III portant la date du 5 novembre 1863 :

> — « *Deux voies* sont ouvertes : l'une conduit au
> « progrès par la conciliation et la paix; l'autre,
> « tôt ou tard, *mène fatalement à la guerre,* par
> « l'obstination à maintenir *un passé qui s'écroule.* »

Louis Bonaparte, neveu du grand Empereur, en montant les degrés du trône, comme

> — « ... un des piliers de son édifice, *un des propaga-*
> « *teurs de ses idées...* »

savait bien qu'il jetait le gant à toute l'Europe féodale, qu'il allait engager, en restant à la tête de la France, une lutte à mort contre la Sainte Alliance, contre un odieux *passé...*; il savait

> — « ... que l'œuvre des siècles ne se détruit pas
> « *sans des secousses terribles...* »

il savait que, dans le conflit grandiose de deux mondes, *de deux idées,* il lui fallait ou vaincre *la coalition,* ou être vaincu par elle; il savait que l'empire des Napoléonides marche à la tête de l'Europe ou... *finit à Sainte-Hélène...*

Mais, nous le demandons, Napoléon III pouvait-il, malgré toute la puissance, toute la force, toutes les ressources de la France, en prenant la défense des peuples opprimés, adopter

> — « ... une politique aveugle et passionnée qui vou-
> « drait jeter le gant à l'Europe et détrôner tous les
> « rois ? »

Pouvait-il, s'il voulait atteindre son but, adopter ce second système,

> — « ... qui consiste à maintenir la paix en achetant « l'amitié des souverains aux dépens de l'honneur « et des intérêts du pays? »

Cela était évidemment impossible. — Aussi a-t-il adopté

> — « ... ce troisième système, *qui est la politique* « *napoléonienne, qui offre franchement l'alliance* « *de la France à tous les gouvernements qui veu-* « *lent marcher avec elle dans des intérêts com-* « *muns* (1). »

Nous pouvons nous convaincre que Napoléon III a toujours regardé la *création d'alliances* naturelles pour la France comme le premier *devoir* de ses gouvernants, en lisant ses propres paroles, où il réfute les reproches adressés à la politique du grand Empereur, et blâme en même temps le gouvernement de Louis-Philippe :

> — « Et si, dans le séjour céleste où repose mainte- « nant en paix sa grande âme, Napoléon Ier pou- « vait encore se soucier des agitations et des ju- « gements qui se heurtent ici-bas, son ombre irri- « tée n'aurait-elle pas le droit de répondre à ses « accusateurs : Tout ce que j'ai fait pour la pros- « périté intérieure de la France, je n'ai eu pour « l'accomplir que l'intervalle des batailles. — Mais « vous qui me blâmez, qu'avez-vous fait pendant

---

(1) *Des Idées Napoléoniennes*, p. 119-120.

— « vingt-quatre ans d'une paix profonde? Le dra-
« peau tricolore, le nom de Français, *ont-ils con-*
« *servé ce prestige et cette influence qui les faisait*
« *respecter de tout l'univers?* Les bienfaits de la
« paix, vous n'avez pu les obtenir, et tous les in-
« convénients de la guerre, vous les avez conser-
« vés, sans ses immenses compensations : l'hon-
« neur et la gloire de la patrie !

« *Avez-vous assuré à la France des alliés, sur*
« *lesquels elle puisse compter au jour du dan-*
« *ger* (1)?... »

Ce terrible arrêt, lancé par Napoléon III contre les ministres de Louis-Philippe, retombera-t-il *sur lui-même ?*

Est-il possible d'admettre qu'il se plaise à justi-fier aujourd'hui, par sa politique légère et incon-séquente, les reproches que l'ex-président du ca-binet de Louis-Philippe lui adressait en retour à la séance du 14 mars 1867 au Corps Législatif, lorsqu'il disait aux ministres de l'Empereur dans son ardeur rhétorico-patriotique :

— « Messieurs, je vous en supplie pour vous et pour
« le pays, rattachez-vous complétement à cette po-
« litique, que j'appelle la politique *du bon sens;*
« car, *je vous le déclare, il n'y a plus une seule*
« *faute à commettre!* (Très-bien! très-bien ! à la
« gauche de l'orateur, qui est entouré et félicité
« en descendant de la tribune.) (2) »

---

(1) *Des Idées Napoléoniennes,* p. 115-118.
(2) *Moniteur universel,* 15 mars 1867.

Quant à nous, nous ne pouvons, en vérité, « *féliciter* » M. Thiers, qui, en dépit de sa logique et
de son éloquence, n'a fait que prouver publiquement une fois de plus qu'il était dépourvu de la
qualité qui caractérise les véritables hommes
d'État, nous voulons dire *la perspicacité* !

M. Thiers, cet historien et cet orateur de premier ordre, sait, par expérience, qu'il est plus facile de critiquer l'histoire que de l'écrire ; mais il
semble avoir oublié qu'il est encore plus facile
d'écrire l'histoire que de la... faire.

M. Thiers, avec « *son bon sens* », était jadis à la
tête du gouvernement et donnait ses conseils à
l'ancienne dynastie ; ses conseils étaient-ils bons ?..
Que ses successeurs dans la carrière de l'histoire,
que *le comte de Paris* lui-même, répondent à cette
question.

Pour ce qui nous concerne, nous prenons simplement la liberté de faire remarquer que l'ex-
ministre de Louis-Philippe. n'a guère le droit de
se *scandaliser* ou même de s'étonner si Napoléon III n'admet pas comme paroles d'Évangile
l'efficacité *des recettes salutaires préparées dans son
creuset orléaniste...* et s'il ne consulte que sa « *politique de chimères* », ne voulant sans doute point par-
tager le sort *des anciens clients détrônés de M. Thiers !...*

Mais, comme nous avons coutume de prendre
toujours pour guide l'impartialité, comme tout ce

qui porte la marque « *du bon sens* » mérite d'être immortalisé, nous citons le passage suivant, qui est le résumé du discours fameux et si « *applaudi* » de M. Thiers, le 14 mars 1867 :

— « Messieurs, vous allez voir ce que c'est que
« cette politique que j'appelle *la politique du bon*
« *sens*... (nous sommes, en effet, curieux de le
« voir) en présence de la politique *des nationa-*
« *lités* que j'appelle *la politique des chimères...*
« (voilà au moins qui est sans cérémonies!) Vous
« n'avez pas d'alliés en Europe ; comptez les puis-
« sances de l'Europe, et voyez si, à l'heure qu'il
« est, vous en avez une seule avec vous?....
« (Nous nous figurons l'étonnement de l'honorable
« M. Thiers, quand il verra, un de ces quatre ma-
« tins, la France à la tête de l'Europe coalisée.)
« L'Autriche ne peut être notre alliée... (M. Thiers
« est on ne peut plus pénétrant...) Mais le jour
« où la France dira d'une façon formelle que, quant
« à elle, *elle ne portera la main sur aucun intérêt*
« *européen* (nous ne tenons nullement à voir ce
« beau jour, fût-ce même dans l'agréable compa-
« gnie de M. Thiers...), quand elle dira cela *bien*
« *haut,* de manière à ne laisser *aucun doute ;* ce
« jour-là... (c'est triste) en présence des dangers de
« l'Orient, l'Angleterre sera avec nous. Le jour où
« la France et l'Angleterre seront fortement unies,
« une clientèle très-honnête et *puissante aussi* (?),
« celle des *petits* États, viendra se rallier autour de
« nous : la Suisse, la Belgique, la Hollande, le Dane-
« mark, la Suède, le Portugal ! (et le Monaco ?...)

— « L'Autriche ne se fera pas attendre au rendez-
« vous.

« Lorsque l'Angleterre, la France, l'Autriche et
« les petits États (!) soutiendront en commun le
« *statu quo* européen, soyez sûrs (nous ne le som-
« mes pas du tout!), soyez sûrs que vous ferez faire
« des réflexions sérieuses à toutes les ambitions,
« et, *peut-être,* pourra-t-on procurer à la France
« et à l'Europe quelques jours de repos (?), de
« prospérité (!), de tranquillité d'esprit (??) ce
« dont l'Europe a tant besoin aujourd'hui.

« Oh! sans doute, cette politique-là, *elle est mo-*
« *deste* (trop!) comme *le bon sens* (?); cette poli-
« tique-là *ne vous procurera pas les applaudisse-*
« *ments* (hélas! elle en a procuré à M. Thiers!)
« que vous obteniez, lorsque vous parliez de déli-
« vrer l'Italie et la Pologne; mais j'appelle cela *de*
« *la vraie popularité.* Cependant il reste *la bonne,*
« *la saine, la solide popularité,* c'est celle que
« vous avez paru avoir en vue, lorsque vous nous
« avez annoncé de nouvelles libertés pour la France.
« Je vous applaudis de cette pensée... (Et nous
« aussi!) C'est ainsi que vous trouverez *la bonne*
« *popularité.* »

Voilà, d'après M. Thiers, la politique « *du bon*
sens », la politique digne de la puissante France
bonapartiste; voilà, d'après M. Thiers, « *la bonne*
popularité! »

Et maintenant, écoutons ce que Napoléon III
appelle à son tour « *la bonne, la vraie popularité!* »

Voici ses propres paroles :

    —   « Le récit de Tite-Live, où se trouve rappelé *le de-*
« *cret qui proclame la liberté de la Grèce*, mérite
« d'être rapporté :

       « On y verra *quel haut prix* le sénat romain
« attachait alors *à l'influence morale* et à *cette*
« VRAIE POPULARITÉ *que donne la gloire d'avoir*
« *affranchi un peuple asservi* (1)!... »

Dans ces nobles paroles se trouve contenu, selon
nous, tout le grandiose *programme* de Napoléon III,
et toute la grandeur de sa *mission providentielle* !
N'est-ce pas par une sorte d'intuition prophétique
qu'il a tracé de sa propre main la route éclatante
sur laquelle il s'avance à la tête de la France, et
de laquelle, semblable à ce législateur de l'Ancien
Testament, il montre aux peuples *la terre pro-*
mise, en leur jurant de les tirer de la maison de servi-
tude?

    —   « Et toi, France de Henri IV, de Louis XIV,
« de Carnot, de Napoléon... toi qui fus toujours
« pour l'Occident de l'Europe la source des pro-
« grès... toi qui possèdes les deux soutiens des em-
« pires, le génie des arts pacifiques et le génie de
« la guerre, — *n'as-tu plus de* MISSION *à rem-*
« *plir?*...

       « Épuiseras-tu tes forces et ton énergie à lutter
« sans cesse avec tes propres enfants?...

       « Non, telle ne peut être ta destinée ; *bientôt*
« *viendra le jour* où, pour te gouverner, il faudra

---

(1) *L'Histoire de Jules César*, t. Ier, p. 172.

> — « comprendre *que ton rôle est de mettre* DANS TOUS
> « LES TRAITÉS *ton épée de Brennus, en faveur de la*
> « *civilisation* (1) ! »

Il y a trente ans que l'empereur Napoléon III a écrit ces paroles prophétiques ; — si c'étaient alors des « IDÉES », aujourd'hui, nous le demandons, — les *idées* ne sont-elles pas passées dans le domaine *des faits* ? Que sont devenus les traités ? Qu'en reste-t-il encore ?...

---

(1) *Des Idées Napoléoniennes*, p. 21.

II.

ARTICLE V

DU TRAITÉ DE PRAGUE.

ARTICLE V DU TRAITÉ DE PRAGUE.

L'état de malaise et d'inquiétude fiévreuse, qui, depuis les journées de Sadowa et de Kœnigsgrætz, pèse sur le continent tout entier ; les armements continuels et gigantesques de la France, de la Russie, de l'Autriche, et des États de second ordre ; enfin la stagnation persistante du commerce et de l'industrie, voilà autant de preuves évidentes qu'une guerre générale ne saurait plus être aujourd'hui qu'une question de temps, et que l'Europe est à la veille d'une sanglante conflagration.

Le comte de Beust, quand il a réclamé des représentants de la nation, dans une séance du Reichs-rath de Vienne, une armée de 800,000 hommes, a dû exposer et définir éloquemment le danger qui nous menace tous, puisqu'il a obtenu un décret autorisant la mobilisation de cette armée, en dépit de la situation lamentable des finances de l'Empire.

Les arguments invoqués par le chancelier de

l'Autriche, dans la session secrète du comité militaire, sont naturellement lettre close pour le public; mais le fait seul du consentement de la représentation du pays à un armement colossal, capable de ruiner le trésor, est assez *éloquent* par lui-même.

Aussi l'opinion s'en est-elle vivement émue : les valeurs ont baissé aux différentes bourses, la presse européenne a jeté le cri d'alarme, et le comte de Beust, pour conjurer cette panique s'est vu obligé d'envoyer une circulaire à ses agents à l'étranger.

Malgré les détours et les précautions familières à la diplomatie, ce documeut caractérise et reflète assez fidèlement, quant au fond même des choses, la situation politique actuelle; aussi extrayons-nous littéralement du *livre rouge* les passages suivants :

Vienne, 30 octobre 1868.

— « Les journaux et l'opinion publique se sont
« émus, dans ces derniers temps, des explications
« que j'ai données au comité de la chambre des re-
« présentants, chargé d'examiner le projet de loi
« relatif à l'organisation militaire. Je tiens avant
« tout à constater quel a été un des principaux ar-
« guments que j'ai employés pour recommander le
« projet de loi à l'adoption du comité. Ce que j'ai
« invoqué, bien plus que l'aspect de la politique ex-
« térieure, c'est la nécessité d'une manifestation
« tendant à démontrer la solidité de notre nouvelle
« organisation intérieure; je me suis appliqué à
« faire ressortir que rien n'était plus propre à at-

— « teindre ce but, que de s'en tenir au projet de loi
« tel qu'il avait été adopté en Hongrie. En établis-
« sant ainsi entre les deux parties de la monarchie
« une conformité complète dans une question aussi
« vitale, on prouverait de la façon la plus éclatante
« que le dualisme n'exclut pas cette harmonie de
« vues et cette union de forces indispensables pour
« maintenir notre position de grande puissance.

« J'ai fait ressortir de plus *que les agitations*
« *dirigées contre nos institutions constitutionnelles*
« *se trouvaient alimentées par des influences étran-*
« *gères, spéculant sur la décomposition de la*
« *monarchie, et que, pour leur retirer cet appui,*
« il n'y aurait pas de moyen plus efficace qu'une
« manifestation énergique des deux parlements,
« faisant connaître *leur volonté de maintenir*
« *l'Empire* dans toute son intégrité.

« Il est vrai qu'indépendamment de cette considé-
« ration, je n'ai pu me dispenser de jeter un coup d'œil
« sur la situation générale de l'Europe ; bien qu'en
« constatant à cette occasion l'absence *d'une cause*
« *immédiate de conflit*, je n'ai pu *me porter ga-*
« *rant de la durée de l'état de paix actuel* ; j'ai dû
« appuyer sur la nécessité où l'on se trouvait ici,
« comme dans tous les pays de l'Europe, *de parer*
« *aux éventualités possibles de l'avenir*, dans le
« désir bien naturel de ma part d'assurer au gou-
« vernement impérial, vis-à-vis de l'Europe, toute
« l'autorité que donne la possibilité de disposer
« à un moment voulu de ressources militaires con-
« sidérables ; *je ne pouvais pas, contrairement à*
« *la vérité, dépeindre la situation comme présen-*

— « *tant toutes les conditions d'une sécurité com-*
« *plète et éternelle.* »

De cet important document qui, soit dit entre pa-
renthèses, appliqué aux « *intrigues* » moscovites en
Gallicie, à « *l'agitation* » en Bohême, *à* « *la propagande
panslaviste* » en Roumanie, en Turquie, et dans les
provinces méridionales de l'Autriche, est *un acte
d'accusation assez précis et assez clair contre le cabinet de
Saint-Pétersbourg,* il résulte, à ne pas s'y mépren-
dre, que, si un « *conflit* » n'est pas encore « *imminent* », cette éventualité peut se présenter à chaque instant, et que l'Europe l'attend de jour en
jour avec effroi, et s'arme de l'un à l'autre bout
pour repousser la force par la force.

L'Autriche appelle 800,000 soldats sous les drapeaux ; la France a déjà complété son armée d'un
million d'hommes ; la Russie, le jour où elle reçut
communication des premières notes diplomatiques
relatives à la question polonaise, avait organisé
son système militaire, réformé les cadres de sa
réserve en gratifiant chaque année ses sujets d'une
conscription deux fois plus lourde ; quant à la
Prusse, elle a prouvé en 1866, d'une manière éclatante, que ce n'est pas d'aujourd'hui qu'elle est
prête à tout événement prévu ou imprévu.

En présence d'un pareil état de choses, nous
croyons qu'il n'est pas inutile de nous arrêter sur
un des *points en litige,* qui, pris séparément, n'a

pas en apparence une grande portée, mais peut devenir le point de départ de complications politiques, de la solution desquelles, dans un avenir plus ou moins éloigné, dépend soit le maintien de la paix, soit l'explosion d'une guerre européenne.

La Prusse, victorieuse à Kœnigsgrætz, conclut à Prague, par l'entremise de la diplomatie française, le 23 août 1866, un traité, en vertu duquel l'Autriche, repoussée de l'Italie, renonçait pour toujours à la prépondérance en Allemagne et consentait à payer une contribution de guerre considérable; d'autre part cependant la Prusse adopta l'article V, dont voici le texte :

— « Sa Majesté l'empereur d'Autriche transfère à Sa « Majesté le roi de Prusse tous ses droits acquis « dans la paix de Vienne, du 30 octobre 1864, sur « les duchés de Holstein et de Schleswig, *avec la* « *réserve* que les populations des districts septen- « trionaux de Schleswig, *si elles expriment, par un* « *suffrage libre, le désir d'appartenir au Dane-* « *mark, devront être cédées* à cet État. »

Depuis cette date mémorable il s'est écoulé déjà trois années; l'empereur François-Joseph a renoncé à sa « *grande position en Allemagne* », la Vénétie est entrée dans le domaine de l'Italie, à laquelle sa nationalité la rattachait d'avance, en même temps que les millions autrichiens entraient dans le trésor prussien; mais, jusqu'à ce jour,

rien de changé dans le Schleswig septentrional !
Les députés de cette province, forcés de siéger au
parlement de la Confédération de l'Allemagne du
Nord, refusent en vain, chaque année, à Guil-
laume Ier le serment de fidélité, et, protestant au
nom des droits sacrés de la nationalité, réclament
inutilement l'accomplissement des engagements
solennels contractés par le traité de Prague.

— « *Le comte de Bismark est en négociation à cet
effet* »,... a-t-on laconiquement répondu de Berlin
deux années de suite ; mais voici que, le 5 octobre 1868, le roi de Danemark, en ouvrant à Copenhague la session annuelle des chambres légis-
tives a prononcé ces paroles :

— «Les négociations confidentielles, engagées entre
« la Prusse et le Danemark, au sujet de l'exécution
« de l'article V du traité de Prague, concernant le
« *vote libre des populations* du Schleswig septen-
« trional, *sont demeurées sans résultat.* »

C'est là, sans contredit, dans la bouche de Christian IX, une accusation formelle à l'adresse du
cabinet de Berlin, une mise en demeure de se justifier devant l'opinion publique. Le Danemark a
des droits sacrés, inviolables et reconnus par les
traités... Eh ! qu'importe, nous répondra-t-on,
puisque le comte de Bismark est un partisan de
la fameuse théorie :

— « *Que la force domine le droit !* »

Mais puisque la « *force* » est le seul argument de mise avec le ministre prussien , n'y a-t-il pas une « *force* » qui, en un cas extrême, pourrait soutenir et défendre le droit? N'y a-t-il aucun moyen de contraindre Guillaume Ier à se rappeler que, le 18 novembre 1863, dans sa lettre à l'empereur Napoléon, tout en applaudissant à l'idée humanitaire du souverain de la France, il affirmait avec orgueil l'honnêteté sans bornes du cabinet de Berlin :

> — « La Prusse, disait-il, *n'étant jamais sortie de la « limite des traités*, n'a pas d'intérêt à empêcher « la réunion d'un congrès. » —

Et cependant à Prague, entre les deux parties contractantes, entre la Prusse et l'Autriche, il y avait encore *quelqu'un*, il y avait la France, servant de médiatrice.

C'est à sa puissance et à son influence que l'Autriche doit d'avoir vu le « *vainqueur s'arrêter aux portes de Vienne* »; c'est à ses démarches que le Danemark est redevable de l'article V ; enfin c'est à sa politique sensée et généreuse, bien plus qu'au fusil à aiguille, que le comte de Bismark lui-même, en 1866, doit attribuer les avantages matériels de la Prusse et ses acquisitions territoriales, — acquisitions qu'en dépit de ses lauriers militaires le ministre prussien pourrait bien voir, *en résumé, réduites à zéro !*... Gardons-nous d'oublier, en effet, que l'armée triomphante de Kœnigsgrætz, « *arrêtée* » sous les murs de Vienne, s'est trouvée subitement *à la discrétion* de la France, qui a bien voulu la protéger, et la mettre à l'ombre de ses ailes en présence de la Russie qui *protestait contre les annexions prussiennes en Allemagne.*

Oui, la Russie, cette fois, demandait à Napoléon III la réunion d'un congrès européen *contre le comte de Bismark;* la Russie à la vue de l'Autriche...

> — « ... dirigée par des principes qui sont les *nôtres...*
> « animée de ces sentiments de progrès qui forment
> « le lien pacifique des sociétés modernes ; de l'Au-
> « triche dégagée de ses préoccupations italiennes
> « et germaniques, n'*usant plus ses forces dans des*
> « *rivalités stériles, mais les concentrant à l'est de*
> « *l'Europe...* (1); »

la Russie, disons-nous, avait aperçu l'*immense danger* qui la menaçait dans l'avenir ; elle avait compris pourquoi

> — « ... la grandeur de l'Autriche *est indispensable à*
> « *l'équilibre général....* (2); »

et elle avait tendu la main à la France pour arrêter la Prusse dans sa marche triomphale, pour

> — « ... *maintenir l'Autriche dans sa grande position*
> « *en Allemagne* (3). »

---

(1) *Circulaire de M. de la Valette du* 16 *septembre* 1866.
(2) *Discours de Napoléon III au Corps législatif,* 14 *février* 1867.
(3) *Lettre de Napoléon III à M. Drouyn de Lhuys du* 11 *juin* 1866.

Gardons-nous d'oublier que la Vénétie était déjà cédée à Napoléon III, et que, par suite, l'armée victorieuse de Custozza était prête à courir à la défense de Vienne menacée ; les contingents de la confédération, presque intacts encore, pouvaient constituer, en cas d'intervention armée de la part de la France, une avant-garde de cent mille hommes pour l'armée impériale ; le royaume de Prusse était dépourvu de troupes ; les forteresses bohêmes étaient restées en arrière sans avoir été prises ; les frontières prussiennes ouvertes du côté du Rhin et de la Pologne ; et le Danemark, à la grande joie de l'Angleterre, prêt à profiter de cette circonstance pour prendre sa revanche de Duppel et du Danewerk.

C'est *à la lueur de ces données* que nous apparaissent, sous leur véritable jour, les paroles d'une déclaration officielle du vice-chancelier russe, prince Gortschakoff, du 30 août 1866 :

— « Le gouvernement russe a proposé aux puis-
« sances neutres *de réclamer la participation de*
« *l'Europe à la solution des questions politiques*
« *et territoriales, qui compromettent l'équilibre*
« *européen* appuyé sur des traités signés en com-
« mun.

« Cette proposition *n'a pas été acceptée par les*
« *autres cabinets.* — Comme le principe de la *soli-*
« *darité européenne* est aujourd'hui abandonné
« par les mêmes puissances, sur l'entente des-

— « quelles il reposait tout entier... le gouvernement
« impérial russe s'est abstenu de révéler *sa ma-*
« *nière de voir sur cette question.*

« La Russie réserve ses droits de puissance eu-
« ropéenne; *elle a un libre champ d'action, car*
« *désormais l'intérêt national de la Russie sera sa*
« *seule mesure.* »

Les paroles ci-dessus du prince Gortschakoff
montrent jusqu'à l'évidence que la France, médiatrice à Prague, avait à choisir *entre deux lignes de
conduite :*

Ou bien, tendant la main au prince Gortschakoff, elle pouvait *réaliser l'idée* d'un congrès
européen, « *immobiliser* » complétement la Prusse
en la réduisant *au minimum* d'accroissement dans
l'organisation intérieure de l'Allemagne, et s'oppo-
ser au détrônement des monarques de second ordre; et, en ce cas, elle aurait été secondée par
l'Angleterre et la Russie;

Ou bien, tendant la main au comte de Bismark,
c'était la Russie qu'elle pouvait isoler et « *immobiliser* » à bref délai, en s'assurant en retour la
coopération et l'assistance du cabinet de Berlin,
pour *la future solution* des grandes questions européennes à l'ordre du jour.

On nous objecte qu'en 1866 la France n'était pas
prête, qu'elle n'avait pas de fusils à aiguille, et
que, par suite, toute intervention armée lui était
impossible.

Pure mystification ! Dites plutôt : qu'elle ne pouvait

> — « ... armer un seul soldat ni faire avancer un régi-
> « ment, parce que... *elle avait promis d'observer*
> « *une stricte neutralité* (1). »

A la bonne heure ! nous comprenons cette raison ! Mais supposer que la France, qui, en 1863, *était décidée* à appuyer par les armes ses notes diploma-tiques dans la question polonaise, et à lutter ainsi *contre la Russie*, n'ait pas été assez forte en 1866 pour dicter, *de concert avec cette même Russie*, des lois à la Prusse, qu'elle avait « *d'un seul mot arrêtée* » sous les portes de Vienne... c'est faire bon marché de la logique, et se payer d'invraisemblances.

Laissons donc l'objection, et insistons sur ce point *qu'il ne s'agissait nullement alors d'une lutte à main armée;* car enfin, à qui eût-on fait la guerre ?

L'Italie avait recouvré la Vénétie ; l'Autriche était vaincue et la Prusse, « *arrêtée* » et comme tenue en suspens sous les murs de Vienne, avait devant elle l'armée victorieuse de Custozza. De plus, à supposer qu'elle eût repoussé à main ar-mée l'intervention diplomatique de l'Europe, elle avait encore derrière elle la Russie, la Scandina-vie et, sur les flancs, les forces combinées de la Confédération germanique et de la France.

---

(1) *Discours de l'empereur Napoléon à l'ouverture des cham-bres, 14 février* 1867.

Dans *cette situation*, nous le demandons à tout homme sensé : après les préliminaires de Nicolsbourg, l'armée prussienne, campée sous Vienne, pouvait-elle faire un seul mouvement ?

Nous avons donc le droit de repousser une éventualité de guerre aussi improbable, aussi impossible. Mais il est une seconde question, qui s'impose à notre attention : c'est la question de la Conférence.

Puisque, nous le savons, les conférences, proposées par Napoléon III avant le commencement du conflit, n'avaient rencontré d'autre obstacle que l'opposition de l'Autriche ; pourquoi, cette puissance une fois écrasée à Kœnigsgrætz, l'empereur des Français ne remit-il pas son projet sur le tapis ?

Tout le monde sait quelle a été l'œuvre du traité de Prague ; mais ce qui n'est pas moins connu, c'est que, si la France, au lieu de cette intervention spontanée et isolée, avait accepté les « *propositions* » du prince Gortschakoff qui demandait :

— « ... *la participation de l'Europe à la solution des* « *questions politiques et territoriales,...* »

L'Angleterre et la Russie (Napoléon III pouvait en être plus que certain) n'auraient dans ce cas jamais laissé détrôner les monarques *de droit divin* renversés depuis par la Prusse, ni enlever à l'Autriche « *sa grande position en Allemagne* », ni, en un mot, se former cette Prusse immense et *terrible*... contre laquelle, *ainsi qu'on voudrait nous le faire croire*, la France appelle aujourd'hui sous les armes un effectif d'un million d'hommes.

Nous le demandons aux critiques qui s'amusent à énumérer « *les fautes commises...* » par l'empereur des Français et par ses ministres, pourquoi le cabinet des Tuileries *n'a-t-il pas consenti à convoquer une conférence européenne?* pourquoi a-t-il dédaigné « *les propositions* » du vice-chancelier russe, quoique faites alors avec tant d'entrain et de complaisance ?

— « *Les autres puissances n'ont pas accepté cette* « *proposition...* »

écrit le prince Gortschakoff à la date du 30 août 1866, et par suite il est évident que c'est grâce à l'amitié de

— « ... la France, qui n'a pas tiré l'épée parce que « son honneur n'était pas engagé, et *parce qu'elle* « *avait promis d'observer une stricte neutra-* « *lité...* »

que le comte de Bismark *a mené à bonne fin* son œuvre gigantesque, en dépit des *protestations* du vice-chancelier de Russie.

Il est évident, disons-nous, que le cabinet des Tuileries, *fidèle aux dogmes* de la « *politique napoléonienne* » et, par suite,

— « ... à ce troisième système, *qui offre* franche-
« ment *l'alliance* de la France *à tous les gouverne-*
« *ments qui veulent marcher avec elle* dans des in-
« térêts *communs* (1),.... »

a tendu la main au gouvernement prussien, et a,
de concert avec lui, et « *dans un intérêt commun* »,
posé le fondement de la future *unité allemande.*

Aussi est-ce avec une sincère *reconnaissance* que
le comte de Bismark le disait à la séance du parlement de Berlin, en décembre 1866 :

— « La France a prouvé à Prague que sa voix et
« sa plume *ont la même force et le même poids*
« *que son armée* dans la balance des événements
« européens. »

De même le roi Guillaume Ier, dans son discours du
trône, le 15 novembre 1867, informait les représentants réunis « *de la patrie allemande* » de ses
relations amicales avec Napoléon III et témoignait
avec une joie pleine et entière de l'existence

— « ... *de liens d'amitié qui unissent étroitement la*
« *Prusse à la France.* »

Aujourd'hui donc qu'il s'agit de tenir, au profit
du Danemark, les engagements pris par le cabinet
de Berlin, peut-on sans blesser la justice et la
loyauté affirmer qu'à Prague, Napoléon III n'était
point « *partie contractante* », que la signature de

---

(1) *Des Idées Napoléoniennes,* p. 119.

M. de Benedetti ne figure pas sur l'acte conclu entre la Prusse et l'Autriche, et que par suite la France n'a ni *le droit* ni même *le devoir* de réclamer du cabinet de Berlin l'accomplissement de l'article V des stipulations de Prague ?

Peut-on prendre pour argent comptant cette affirmation du comte de Bismark déclarant au parlement avec une franchise au moins douteuse :

— « ... *que ce droit* appartient exclusivement à l'Au-
« triche comme partie contractante ? »

D'un autre côté, est-il possible de prendre au sérieux la dépêche du 1er avril 1868 adressée par le comte de Beust au comte Wimpffen à Berlin :

— « J'ai déjà dit plusieurs fois que, malgré l'inser-
« tion dans le traité de Prague de la clause con-
« tenant la promesse prussienne de la rétrocession
« d'une partie de Schleswig, nous n'avons aucun
« désir de nous mêler de cette affaire (1) ? »

Nous résumons en quelques mots toute la situation : le roi de Danemark, au nom des droits les plus sacrés du peuple scandinave, proteste contre la violation du traité de Prague.

Le comte de Bismark proclame, en plein parlement, que la France doit fermer l'oreille à ces plaintes de Christian IX, parce que

— « ... l'Autriche a seule le droit d'intervenir dans
« cette affaire. »

____

(1) *Du livre rouge,* n° 12.

Le comte de Beust, de son côté, fait cette déclaration :

— « Nous n'avons ni l'intention, ni la moindre envie
« de nous mêler de ces choses.... »

et l'opinion publique en Allemagne, de jour en jour
plus excitée, se traduit ainsi, dans les organes de
la presse officieuse de Berlin :

— « On peut être sûr à Vienne, et partout ail-
« leurs, que, si une guerre devait naître de *la ré-*
« *solution de la Prusse de garder en son pouvoir*
« *Düppel et Alsen,* cette guerre *réveillerait,* comme
« en 1813 et 1815, toutes les forces populaires
« de l'Allemagne du Nord. Nous croyons aussi
« qu'une telle guerre ne manquerait pas d'enflam-
« mer le patriotisme de l'Allemagne du Sud. »

« *Ce n'est pas la Prusse qui provoque la guerre* (?);
« celui-là seul la provoquerait, *qui voudrait nous*
« *contraindre à restituer* un territoire *qui est de-*
« *venu notre propriété légitime* (?), à sacrifier *sans*
« *conditions* (?) les droits *de la nationalité* (?) alle-
« mande (1). »

Comment ? la Prusse s'est obligée *sans condition*
aucune, en 1866, à restituer dans le Schleswig du
Nord les districts *où le libre suffrage du peuple* exi-
gerait l'incorporation au Danemark ; et voici qu'on
nous déclare que, si le libre suffrage *allait pri-*
ver la Prusse de points stratégiques tels qu'Alsen
et Düppel, alors ce serait la guerre !

---

(1) *Gazette de la Croix,* 24 novembre 1868.

Oui, la guerre ; car oser exiger que la Prusse *tienne les engagements pris* au traité de Prague, sous la foi du serment, « *c'est la provoquer* », c'est contrecarrer les aspirations « *légitimes* » de la nationalité allemande. Voilà la *logique prussienne !* Qu'en dit la France ?

L'empereur Napoléon, à l'ouverture des chambres, le 18 novembre 1866, a prononcé les paroles suivantes :

— « De vagues inquiétudes sont venues affecter l'es-
« prit public en Europe ! Malgré les déclarations
« de mon gouvernement, on a répandu cette
« croyance que toute modification *dans le régime*
« *intérieur de l'Allemagne* devait être une cause
« de conflit. Cet état d'incertitude ne saurait durer
« plus longtemps. *Il faut accepter franchement*
« *les changements survenus de l'autre côté du*
« *Rhin, proclamer que nous ne nous mêlerons pas*
« *dans des transformations qui s'opèrent par le*
« *vœu des populations.* »

Reste à savoir si Napoléon III pourrait regarder la *violation* de l'article V du traité de Prague comme une de ces « *transformations dans le régime intérieur* » de l'Allemagne qui « *s'opèrent par le vœu des populations* », et si l'empereur voudrait « *l'accepter franchement* » en compromettant, à la fois, l'honneur et les intérêts de la France.

Nous avons présenté plus haut l'article V du traité de Prague en l'envisageant sous le jour que

lui prêtent les cabinets et la presse européenne,
c'est-à-dire comme un *point en litige* pouvant devenir plus tard le *point de départ* de complications
et de difficultés politiques ; étudions maintenant
cet article V à notre point de vue personnel.

Pendant la guerre de Danemark, nous avons
publié une brochure sous ce titre : « *La paix de
Villafranca, son influence sur les affaires européennes* » (1). Dans cet opuscule, nous examinions
l'attitude surprenante de la France « *qui s'associait
au démembrement de la monarchie danoise* » ; la mission significative du général Fleury en Allemagne
et à Copenhague, et enfin l'attitude de la Prusse
qui, aux conférences de Londres, avait appuyé la
motion du plénipotentiaire de la France tendant à
ce que le Schleswig fût divisé *d'après la nationalité* et en vertu du *vote universel des populations;* puis, nous constations, à la page 30, que :

— « Ces faits sont la preuve irréfutable *d'une en-
« tente secrète de la France avec la Prusse.* »

Cette opinion, que nous avions publiée *dans les
premiers mois de l'année* 1864, était *six mois plus
tard* confirmée par lord Russell lui-même. — Voici
un passage textuel d'une dépêche adressée de Londres, le 15 juillet 1864, par M. Torben-Bille, envoyé danois près la cour d'Angleterre, à M. Bluhme,
ministre des affaires étrangères à Copenhague :

____

(1) A Bruxelles, chez Sigismond Gerstmann, 1864.

— «Le cabinet anglais n'est pas tout à fait convaincu
« *que la France n'a pas une entente secrète avec la*
« *Prusse relativement à nos affaires* (1)!... »

Ainsi, ce dont lord Russell s'apercevait en juillet 1864, nous nous en étions aperçu *six mois auparavant*; et, bien que la guerre de Danemark fût déjà terminée; bien que, par le traité de Vienne du 30 octobre 1864, le roi Christian IX eût intégralement renoncé aux trois duchés de Schleswig, de Holstein et de Lauenbourg, nous publiâmes une seconde brochure sous ce titre : « *Le Congrès et l'Europe* » (2), où l'on trouve, page 16, le passage suivant :

— « ... en constatant ces faits, nous espérons, non
« sans raison, que le roi Christian IX, que le Dane-
« mark, *en échange de sacrifices* si sensibles pour
« lui, *ne restera pas sans compensations territo-*
« *riales*. Si, en vertu *du principe des nationalités*
« propagé par Napoléon III, le Danemark a été
« contraint à des pertes si douloureuses, nous ne
« craignons pas d'affirmer que, *sur cette même*
« *voie et en vertu de ce même principe*, le Dane-
« mark *obtiendra* pour lui, ou pour la Confédé-
« ration scandinave, s'il venait à en faire partie,
« *des compensations territoriales* correspondant
« aux pertes actuellement subies. »

De ce passage, que nous écrivions en 1864, rap-

---

(1) *Papiers d'État communiqués au Rigsraad.*
(2) A Bruxelles, chez Sigismond Gerstmann, 1865.

prochons les propres paroles de Napoléon III, le
11 juin 1866 (1) :

> — « L'Autriche, de concert avec la Prusse, *et sans se*
> « *préoccuper des traités,* a fait au Danemark une
> « guerre *au nom de la nationalité allemande!...* »

Nous demandons maintenant si ce fragment de
la lettre de l'empereur, et plus tard l'article V du
traité de Prague du 23 août 1866, ne prouvent pas
la justesse de ce que nous avancions dans les bro-
churés de 1864 que nous avons citées plus haut ?

On nous dira peut-être que M. de Bismark n'a
pas encore exécuté l'article V, qu'il n'a pas restitué
le Schleswig aux Danois. Rien de plus vrai ; il ne
l'a pas restitué, *parce qu'il ne le peut pas*, et en voici
la raison.

Napoléon III a déchiré de sa main puissante et
jeté aux quatre vents du ciel les traités de 1815 !
La France, à la place du chef-d'œuvre de Vienne,
« *foulé aux pieds* », a introduit en Europe un nouveau *droit public*, un nouveau *principe d'autorité monarchique*.

> — « La Sainte-Alliance, la coalition des trois cours
> « du Nord contre la France est brisée. Le *principe*
> « *nouveau* qui régit l'Europe est *la liberté des*
> « *alliances !*
> « Le rôle de la France est de cimenter l'accord

---

(1) *Lettre à M. Drouyn de Lhuys.*

— « entre toutes les puissances qui veulent à la fois
« maintenir *le principe d'autorité* et favoriser le
« progrès.

« Cette *alliance* enlèvera à la révolution le prestige
« du patronage dont elle prétend couvrir la cause
« de la liberté des peuples et conservera aux grands
« États éclairés la sage direction du mouvement
« démocratique qui se manifeste partout en Eu-
« rope (1). »

Que prouvent ces paroles ? Napoléon III va lui-
même nous les expliquer (2).

— « *La Sainte-Alliance est une idée qu'on m'a*
« *volée,* » a dit Napoléon Ier, « c'est-à-dire la sainte
« alliance *des peuples par les rois,* et non celle *des*
« *rois contre les peuples !* » — *Là est l'immense dif-*
« *férence entre son idée et la manière dont on l'a*
« *réalisée.* — Napoléon *avait déplacé les souve-*
« *rains dans l'intérêt momentané des peuples ;* en
« 1815, on déplaça les peuples dans l'intérêt *parti-*
« *culier* des souverains. — Les hommes d'État de
« cette époque, ne consultant que des rancunes ou
« des passions, basèrent un équilibre européen *sur*
« *les rivalités des grandes puissances,* au lieu de
« l'asseoir *sur des intérêts généraux.* — Aussi leur
« système s'est-il écroulé de toutes parts ! »
« La politique de Napoléon Ier, au contraire, con-
« sistait *à fonder une association européenne solide,*
« en faisant reposer son système *sur des nationali-*

---

(1) *Circulaire du marquis de la Valette du* 16 *septembre* 1866.
(2) *Des Idées Napoléoniennes,* p. 145.

— « *tés complètes*, et sur des intérêts généraux sa-
« tisfaits. »

N'est-ce pas assez clair ?

Napoléon III, comme *exécuteur testamentaire* de
son oncle, «*comme l'un des propagateurs de ses idées* »,
au lieu de ce «*système écroulé* », au lieu de la « *Sainte
Alliance brisée* », a érigé une nouvelle «*alliance, qui,
en enlevant son prestige à la révolution* », groupe tout
ensemble autour du trône démocratique des Bonaparte

— « ... toutes les puissances qui veulent maintenir le
« (nouveau) *principe d'autorité*. La France ci-
« *mente l'accord entre elles.*— Cette alliance (nou-
« velle) *des grands États éclairés*... cette *associa-
« tion européenne solide* repose *sur le système des
« nationalités* et des intérêts généraux satisfaits...»

Ainsi donc, *c'est une* COALITION ! Une *nouvelle Sainte
Alliance*, mais véritablement « *sainte* » cette fois,
puisque c'est une nouvelle « *alliance des peuples par
les rois* », qui se reforme de nos jours en Europe !
En tête de cette « *association européenne solide* » qui
marche au nom « *du progrès* » et de la civilisation,
nous voyons flotter le drapeau tricolore de Waterloo, le drapeau de l'héroïque France !

La Russie aurait-elle par hasard la *prétention*
de faire partie des « *grands États éclairés?...* »

La Russie? Non, cent fois non! Ce n'est pas
d'aujourd'hui qu'elle a nié le principe de la « *soli-*

darité européenne » ; c'est elle qui, par la bouche du prince Gortschakoff, a solennellement déclaré :

— « ... *qu'elle avait un libre champ d'action...* que *son* « *intérêt national* (à elle exclusivement) serait « son *unique mesure !* »

C'est sans doute « *son intérêt national* » qui pousse aujourd'hui l'empire des czars à agiter la Turquie, la Roumanie, la Grèce, la Crète, la Gallicie, la Bohême, à agir comme il le fait dans les provinces de la Baltique, en Pologne, à Khiva, à Boukhara et à Samarcande ! Eh bien, qu'il prenne son « *unique mesure* », l'honorable vice-chancelier russe, pour « *mesurer* » aujourd'hui (il en est temps !...) la *coalition* qui s'est organisée et qui a grandi à côté de la Russie ! Qu'il prenne « *son unique mesure* » pour évaluer cette nouvelle et « *solide association européenne* » contre laquelle doit se heurter un jour ou l'autre la politique panslaviste et conquérante du cabinet de Pétersbourg, forcée de rendre compte aux « *grands États éclairés* », d'un siècle de pillage, de violences, d'outrages, de persécutions ; d'un siècle d'oppression barbare, exercée sans trêve ni merci sur des millions d'hommes *de nationalité étrangère !*

Et le comte de Bismark ? nous dira-t-on ; et l'alliance prusso-russe ?...

Ah ! le bon billet qu'a la Châtre !...

Le comte de Bismark, aux conférences de Londres de 1864, *a arboré les nouvelles couleurs françaises* sur la bannière féodale du Hohenzollern...

La Prusse, en appuyant la motion de la France relative à la division du Schleswig *selon les nationalités*, et *au choix du monarque* fait par le *suffrage universel*, a fini par faire ouvrir les yeux... non pas, il est vrai, *au pénétrant* prince de Gortschakoff, mais au moins à lord Russell lui-même :

> — « Le cabinet anglais *n'est pas tout à fait con-*
> « *vaincu...* que la France *n'a pas une entente se-*
> « *crète avec la Prusse,* »

écrit M. Torben-Bille, le 15 juillet 1864; et l'entrée de lord Clarendon dans le cabinet, *sa mission* à Paris, ainsi que *l'identité* de la note anglaise avec la note française au sujet de la convention de Gastein, nous prouvent clairement que l'Angleterre *a déposé au pied du trône* de la France *le sceptre* de l'hégémonie politique *sur le continent européen !*

La reine Victoria, en courbant le genou aux Invalides devant le tombeau de Napoléon Ier, a rendu hommage, au nom de l'Angleterre, *à la grandeur éteinte !...*

L'escadre anglaise cuirassée, dans tout l'éclat, dans toute la majesté de sa force, en inclinant le pavillon de la Grande-Bretagne dans la baie de Cherboug a rendu honneur *à la grandeur vivante !...*

—   « La Prusse, de concert avec l'Autriche, *sans se*
« *préoccuper des traités*, a fait au Danemark une
« guerre *au nom des nationalités*, »

et par suite M. de Bismark, *adepte converti d'un*
« *principe nouveau qui régit l'Europe* » et qui est
« *la liberté des alliances...* » *a passé le Rubicon...*
en franchissant l'Eider *au nom du droit des nationa-*
lités !

Le ministre prussien n'a-t-il pas par là même
accepté « *un nouveau principe d'autorité* » ? N'a-t-il
pas sanctionné, non-seulement dans le Schleswig,
mais *dans l'Allemagne entière* le nouveau principe
de la monarchie « *de par la volonté nationale* » ?...
En vertu de quel « *système* », nous le demandons, Guillaume Ier, déchirant à coups de baïonnettes à Kœnigsgrætz les traités de 1815, pro-
mettait-il en même temps à la Hongrie et à la
Bohême le recouvrement de leurs « *droits natio-*
naux » ? Est-ce que le comte de Bismark, à son
tour, « *n'a pas foulé aux pieds* » les vieux parche-
mins de Vienne *en incorporant* (provisoirement)
la Posnanie à la Confédération allemande du Nord ?
Est-ce que le comte de Bismark, en signant
l'article V du traité de Prague, en sanctionnant
solennellement à la face de l'Europe « *le nouveau*
principe » du suffrage universel, n'élevait pas *les*
droits des peuples au-dessus des droits monarchiques
de la couronne de Guillaume Ier, *dont il rendait la*

puissance dans le Schleswig du nord *dépendante du vote d'une population* de quelques centaines de milliers d'hommes?

Est-ce qu'ensuite le comte de Bismark s'est mis en désaccord avec le « *principe* » accepté à Prague, lorsqu'il a convoqué le Parlement de l'Allemagne du Nord *sorti du sein du peuple*, et dispensé les représentants des provinces nouvellement conquises de siéger *à la diète royale de Berlin*?

Tout cela est vrai, nous dira-t-on ; mais ce qui n'est pas moins vrai, c'est que la Prusse n'a pas encore exécuté l'article V du traité de Prague.

Voici notre réponse :

L'article V du traité de Prague n'est autre chose qu'un acte solennel *consacrant le « nouveau principe »*, *déjà accepté* par le roi de Prusse, mais que le comte de Bismark *n'a actuellement ni le pouvoir ni le droit de mettre à exécution* !

Guillaume Ier, comme duc régnant de Schleswig-Holstein, gouverne les duchés en vertu *des droits monarchiques* qui lui ont été cédés, le 30 octobre 1864, par le roi Christian IX ; en satisfaisant *actuellement* à l'article V du traité de Prague, et en se soumettant au vote des populations, *il se détrônerait lui-même* dans le Schleswig du Nord !

Le comte de Bismark peut-il, nous le demandons, laisser exécuter sur l'Eider *un droit reconnu, mais non encore mis en pratique*, alors qu'il ne le laisse pas exécuter sur la Sprée, le Mein, la Warta et la Vistule ?

Guillaume Ier, monarque de « *droit divin* », peut-il *abdiquer* dans le Schleswig du Nord, avant que Guillaume Ier, roi de Prusse « *par la grâce de Dieu* », couronné à Kœnigsberg, *n'abdique* en faveur de Guillaume, *empereur* d'Allemagne « *par la volonté nationale* », sanctionnant *dans toute la Germanie* le nouveau *principe d'autorité monarchique* ?

Cela *est impossible ;* nous n'avons donc qu'une chose à faire : *attendre patiemment !...*

III.

OLMÜTZ ET PRAGUE.

III.

OLMÜTZ ET PRAGUE.

Quiconque a lu et comparé la lettre de Napoléon III adressée sous la date du 11 juin 1866 à
M. Drouyn de Lhuys et la Circulaire de M. de la
Valette du 16 septembre de la même année, est·
forcé de reconnaître que l'un de ces deux documents, également curieux, mais opposés l'un à
l'autre, et entièrement contradictoires, est une
manœuvre diplomatique.

Dans la lettre à M. Drouyn de Lhuys, nous lisons
en effet ce qui suit :

— « Nous aurions, en ce qui nous concerne, désiré
« pour l'Autriche *le maintien de sa grande posi-*
« *tion en Allemagne.* »

Au contraire, la Circulaire de M. de la Valette
s'exprime ainsi :

— « L'Autriche, *dégagée de ses préoccupations ita-*
« *liennes et germaniques,* n'usant plus ses forces
« dans des rivalités stériles, *mais les concentrant*
« *à l'est de l'Europe.* »

Nous demandons quel est de ces deux documents celui qui contient la *véritable* pensée de Napoléon III ?

Quant à nous personnellement, nous nous prononçons sans hésiter pour la Circulaire du marquis de la Valette du 16 septembre 1866 ; et pour peu qu'on soit initié aux tendances et aux intérêts de chacune des grandes puissances européennes, on ne saurait s'y tromper un instant.

Pour établir notre assertion, jetons un regard en arrière :

Avant que la guerre de Danemark eût ouvert à la Prusse un chemin en ligne droite vers l'hégémonie *exclusive* de l'Allemagne, l'histoire avait inscrit dans ses fastes ce jour mémorable du 14 août 1863, où S. M. I. François-Joseph, suivi de tous les monarques et princes souverains de la Confédération germanique, fit son entrée triomphale dans les murs de la ville libre de Francfort.

L'illustre rejeton des Habsbourgs, pour

> — « ... *maintenir l'Autriche dans sa grande position*
> « *en Allemagne,* »

avait, on le sait, l'intention de réformer les Statuts du *Bund*, et était venu ouvrir en personne cette diète de monarques, convoquée à l'effet de modifier la Constitution de la Confédération.

Ce fameux jour des princes (*Fürstentag*) fut pour

la Germanie tout entière (à l'exception bien entendu de la Prusse et du comte de Bismark), un jour de fête solennelle ; et la joie, l'allégresse de l'aréopage réuni à Francfort, dut être grande, éclatante, et d'une nature communicative... puisque le cabinet de Saint-James et même le vénérable vice-chancelier prince Gortschakoff *jugèrent à propos* de prendre part à cette *réjouissance*, qui, soit dit en passant, était, pour les prétentions allemandes des Hohenzollern, *une véritable cérémonie funèbre !*

La Russie et l'Angleterre, à la vue de ce feu d'artifice de Francfort... de ces efforts du cabinet de Vienne, pour

> — « ... maintenir l'Autriche dans sa grande position
> « en Allemagne, »

manifestèrent unanimement leur *approbation* et leur *satisfaction ;* elles applaudirent François-Joseph d'avoir, par cette démarche si hardie, si énergique et si imprévue... puissamment contribué à la grande œuvre de la *régénération* de l'Allemagne.

Lord Clarendon, venu en personne à Francfort pour rendre hommage à l'*unificateur de l'Allemagne,* félicita, au nom de la Grande-Bretagne, Sa Majesté Apostolique :

> — « ... d'une *initiative* qui, en rendant l'Allemagne
> « *plus forte,* procurerait au monde *la plus sûre*
> « *des garanties contre l'ambition française.* »

De son côté le prince Gortschakoff tint ce langage à M. de Thun, ambassadeur d'Autriche à Saint-Pétersbourg :

— « La Russie n'a pas l'intention de *créer des dif-* « *ficultés* à l'empereur François-Joseph *dans sa po-* « *litique allemande*, et elle emploierait même toute « son *influence* auprès de la cour de Prusse, pour « *l'amener à un compromis satisfaisant.* »

Il paraît que l'heureux vice-chancelier russe, plein de confiance en ses hautes capacités diplomatiques, se sentait assez fort pour découvrir la pierre philosophale, puisqu'il avait trouvé le moyen de faire vivre d'accord, en Allemagne, la Prusse et l'Autriche à la fois, et inventé, dans cette rivalité séculaire, un « *compromis capable de satisfaire les deux parties* ».

Le ministre russe, inépuisable dans ses conceptions marquées, cette fois du moins, au coin *d'un désintéressement suspect à l'égard de la Prusse... en* assurant à M. de Thun que

— «... la Russie n'a pas l'intention de créer des « difficultés à l'empereur François-Joseph *dans sa* «*politique allemande*, et qu'elle emploierait même « toute son influence auprès de la cour de Berlin, « pour l'amener à un compromis satisfaisant, »

couvait déjà dans son esprit le projet *d'une seconde entrevue d'Olmütz*, non moins *honorable* que la *pre-* *mière* pour les Hohenzollern !..

Dans quelle disposition d'esprit le comte de Bismark envisagea-t-il, à la lueur *de cette comète* de Francfort, les manifestations anglo-russes si *hostiles* à la Prusse? Nous l'ignorons; mais le président du cabinet de Berlin nous a donné trop de preuves de son tact politique et de sa pénétration, pour que nous n'ayons pas le droit de *le soupçonner* d'avoir, à l'époque de la diète de Francfort, si féconde en inventions et en découvertes, *découvert,* *lui aussi,* cette note significative de Frédéric le Grand à la date du 24 janvier 1770 :

    —   « Je commettrais *une faute politique impardon-*
     « *nable,* en travaillant *à l'agrandissement de la*
     « *Russie,* qui est pour la Prusse *un voisin redouta-*
     « *ble...* et qui pourrait devenir pour l'Europe *un*
     « *perpétuel sujet de crainte.* »

Nous ne doutons pas un seul instant, qu'au milieu de ce calme menaçant et de l'isolement complet où se trouva tout à coup la monarchie de Frédéric le Grand, le comte de Bismark, dans l'impossibilité de prendre part au joyeux festival de la Germanie ainsi convoquée, n'ait jeté les yeux sur *un compagnon de solitude, condamné comme lui à l'isole-ment!...* qu'il ne se soit tourné vers la France et vers *celui* qui, selon les paroles de lord Clarendon, avait été *la cause* première

    —   « ... d'une initiative qui, en rendant l'Allemagne

> — « plus forte, procurerait au monde *la plus sûre*
> « *des garanties contre l'ambition française.* »

En présence de ce concours simultané de manifestations *hostiles* dirigées *à la fois* contre la Prusse et contre la France, le comte de Bismark, abandonné par ses alliés séculaires et mis pour ainsi dire *au pied du mur* à Francfort par les descendants des Habsbourgs, avait à choisir, pour les descendants de Frédéric le Grand, entre le rang subalterne *de vassal* de l'Autriche... et *la couronne impériale* de l'Allemagne unie.

N'était-il donc pas amené, nous le demandons, à réfléchir à ce « *troisième système* », à cette

> — « ... politique napoléonienne, *qui offre franchement*
> « *l'alliance* de la France *à tous les gouvernements*
> « qui veulent marcher avec elle *dans des intérêts*
> « *communs* (1) ? »

Le comte de Bismark ne savait-il pas que

> — « ... la coalition des trois cours du Nord bri-
> « sée, *le principe nouveau* qui régit l'Europe
> « *est la liberté des alliances ?* Que la Prusse
> « agrandie, libre *de toute solidarité... assure*
> « *l'indépendance de l'Allemagne,* tandis que la
> « France *n'en doit prendre aucun ombrage* (2) ? »

Le ministre prussien pouvait-il ignorer que

---

(1) *Des Idées Napoléoniennes,* p. 120 et 119.
(2) *Circulaire du marquis de la Valette du* 16 *septembre* 1866.

— « … le rôle de la France est *de cimenter l'accord*
« *entre toutes les puissances* qui veulent à la fois
« maintenir *le principe d'autorité* et favoriser le
« progrès ; *car cette alliance enlève à la révolution*
« *son prestige* (1) ? »

N'était-ce pas uniquement *sur cette voie*, n'était-ce
pas dans l'appui apporté à ce « *principe* » que le
comte de Bismark pouvait nourrir l'espérance
que

— « … l'Autriche, *de concert avec la Prusse*, et *sans se*
« *préoccuper des traités*, ferait une guerre au Da-
« nemark (2) ? »

Que dire de la fameuse note de M. Drouyn de
Lhuys, sur la question polonaise, envoyée au duc
de Grammont à Vienne, au mois de juillet 1863,
avant l'entrevue de Gastein, et où le cabinet des
Tuileries appelle l'attention du comte de Rechberg

— « … sur les inconvénients et dangers pour l'Autri-
« che, *dans certaines éventualités*, si la France *se*
« *voyait forcée de chercher ses alliés parmi les*
« *États hostiles à l'Autriche* ?... »

N'était-ce pas déjà, jusqu'à un certain point, *un*
premier pas fait vers la Prusse par Napoléon III ?
N'était-ce pas *un avertissement à l'adresse de M. de*

---

(1) *Circulaire de M. marquis de la Valette du 16 septembre*
1866.

(2) *Lettre de Napoléon III à M. Drouyn de Lhuys du 11 juin*
1866.

Bismark ? N'était-ce pas lui dire clairement que la France, prenant en considération

> — « ... *les obligations* particulières morales et tradi-
> « tionnelles d'un Napoléon *envers cette nation*
> « (polonaise) *opprimée à l'excès, fidèle à toute*
> « *épreuve....* »

et se trouvant privée du secours de l'Autriche *pour résoudre* la question polonaise...

> — « ..... *se verrait forcée de chercher ses alliés...* » —

à Berlin ?

Nous n'avons pas la prétention de deviner les secrets d'État, ou de nous donner comme ayant la clef des *stipulations secrètes* qui eurent lieu entre l'empereur des Français et le ministre de Prusse ; mais il y a un fait avéré, c'est que les événements de Francfort produisirent *un rapprochement* entre Paris et Berlin ; c'est que, *conjointement avec la note* de M. Drouyn de Lhuys au duc de Grammont, au mois de juillet 1863, l'organe inspiré de M. de la Guéronnière, et avec lui toute la presse française et prussienne, constata « *l'entente franco-russo-prus- sienne* » ; c'est enfin que, même dans la question polonaise qui était sans contredit la pierre d'achop- pement de cette « *entente* », la Prusse, prenant le rôle de médiatrice, montra pour *la première fois* quelque bienveillance... et une sorte d'intérêt sym- pathique à l'égard de la malheureuse victime, noyée dans son sang.

Le comte de Goltz, ambassadeur de Guillaume Ier à Paris, informa M. Drouyn de Lhuys que la France n'aurait nullement besoin de sacrifier *ses sympathies traditionnelles*,

> — « ... le czar étant fermement décidé à accorder aux
> « Polonais *tout ce qui avait été demandé pour*
> « *eux.* »

Cette même déclaration fut répétée par M. Bernstorff, à lord Russel, au grand étonnement du ministre anglais ; et, quoiqu'on veuille nous faire accroire qu'entre le cabinet des Tuileries et celui de Berlin, le tout s'était borné

> — « *à un échange d'idées et d'impressions...* »

nous nous permettons d'en douter, et nous persistons au contraire à affirmer que, depuis le mois de juillet 1863 « *cette entente* » cordiale entre M. le comte de Bismark et Napoléon III ne s'est pas refroidie ; la preuve en est que, trois mois après, nous voyons le roi de Prusse en personne autorisant publiquement son gouvernement à donner suite « *à cet échange d'idées* » amicales.

En vérité le roi Guillaume Ier, dans sa lettre du 18 novembre 1863 à Napoléon III, accepte sincèrement l'idée d'un Congrès européen et s'engage

> — « ...à prêter son concours impartial et désintéressé à
> « la tâche d'établir entre les puissances convoquées
> « *l'accord préalable* sur le principe du congrès, et

— « d'aplanir, par des *négociations prudentes*, les
« difficultés du moment. »

Plus loin, il promet de se rendre en personne à
Paris, et termine sa lettre, toute empreinte de cordialité, par ces dernières paroles :

— « ... mais c'est plutôt à nos ministres réunis qu'il
« appartiendra d'éclaircir par leurs discussions *et*
« *de préparer à la sanction des souverains les pro-*
« *positions* qui seront soumises au congrès.
« A cet effet, mon gouvernement *sera prêt à*
« *accueillir les ouvertures* que Votre Majesté lui
« fera faire en vue... *d'un échange d'idées prépara-*
« *toires...* »

Quant à nous, nous ne saurions en douter un
instant, cet « *échange d'idées* », ces *confidences ont eu*
lieu ; ces confidences ont déjà modifié la carte et la
constitution intérieure de l'Allemagne... et bientôt, nous l'espérons, *elles transformeront... la face*
du monde !

Mais, si le comte de Bismark, à la lueur de
la *comète de Francfort....* a pu faire quelques découvertes utiles dans les réflexions politiques de
Frédéric le Grand, nous pouvons de notre côté,
grâce à l'éloquence oratoire de lord Clarendon,
faire *des deux documents si opposés* de Napoléon III
la comparaison suivante :

François-Joseph, nous l'avons dit, présidant à
Francfort, aux applaudissements de l'Angleterre

et de la Russie, la Confédération germanique, s'efforçait

> — « ... de maintenir l'Autriche *dans sa grande posi-*
> « *tion en Allemagne* (1), »

et par là, selon les paroles de lord Clarendon,

> — « ... en rendant l'Allemagne *plus forte*, il procurait
> « au monde la plus sûre des garanties contre l'*am-*
> « *bition française.* »

Passant à présent à la circulaire du marquis de la Valette du 16 septembre 1866, nous rectifierons ainsi la phrase du noble lord :

> — « L'Autriche, *dégagée de ses préoccupations ita-*
> « *liennes et germaniques*, n'usant plus ses forces
> « dans des rivalités stériles, mais les concentrant *à*
> « *l'est de l'Europe* — en rendant l'Allemagne *plus*
> « *forte* — procurerait au monde *la plus sûre des*
> « *garanties contre l'ambition* » .... russe !

Nous revenons maintenant à notre question.

Des deux documents de Napoléon III si opposés entre eux, lequel *est sincère*, et lequel n'est qu'une *ruse diplomatique?*

Peut-il y avoir le moindre doute que le véritable intérêt de la France *repousse* une Autriche pareille à celle qui excite à Francfort *les félicitations et les applaudissements de l'Angleterre et de la Russie*, tandis *qu'il réclame* une Autriche telle que nous la montre

---

(1) *Lettre de Napoléon III à M. Drouyn de Lhuys*, 11 *juin* 1866.

M. de la Valette dans sa circulaire, c'est-à-dire :

> — « ... concentrant ses forces *à l'est de l'Europe* et
> « procurant au monde *la plus sûre des garanties*
> « *contre l'ambition...* » des czars ?

Mais quelle a pu être la cause de cette ruse diplomatique de la part de Napoléon III ? Quelle circonstance a pu le contraindre à envoyer, le 11 juin 1866, à M. Drouyn de Lhuys une lettre *opposée* à *l'intérêt* véritable et *au but réel* de la France ?

C'est ce qu'il reste à examiner.

La Russie, ainsi que nous l'avons montré plus haut, avait déjà en 1863, lors de la diète de Francfort, l'intention

> — « ... d'employer toute *son influence* auprès de la
> « cour de Prusse, pour l'engager *à un compromis*
> « *satisfaisant* avec l'Autriche »

dans le conflit allemand.

Avant le commencement de la guerre de 1866, la Russie pouvait donc aussi, en qualité de grande puissance, élever la voix en faveur de la position des Habsbourgs *menacée* en Allemagne, et d'un seul geste *rendre la guerre impossible ;* bien plus, l'immixtion active du prince Gortschakoff entre les deux parties contraires lui aurait tout simplement assuré la position *influente d'arbitre* dans le conflit allemand, et aurait pu ramener l'époque de Nicolas, — l'époque, illustre pour les czars, de la fameuse entrevue d'Olmütz! Elle aurait pu, du même coup, enlever à Napoléon III le rôle glorieux auquel (nous le savons aujourd'hui) il *aspirait en secret,* dès ce moment... et que l'Europe étonnée lui vit bientôt jouer à Prague dans toute sa majesté.

Malheureusement la guerre était une *nécessité,* car la Prusse ne se trouvait pas en désaccord avec l'Autriche seule ; c'était l'Allemagne qui faisait la principale difficulté... il fallait en finir une fois pour toutes avec la Confédération germanique ; or c'était là *un nœud gordien* que l'épée seule pouvait trancher.

Le comte de Bismark, même en terminant à l'amiable le différend avec l'Autriche, n'aurait pas atteint par là le but qu'il se proposait ; il aurait, il est vrai, écarté les prétentions allemandes des Habsbourgs ; — mais en même temps il pouvait allumer au sein de l'Allemagne une guerre civile et fratricide.

Les conférences européennes proposées en 1866 par Napoléon III n'eurent pas lieu, — parce qu'elles ne pouvaient pas avoir lieu.

La Prusse, la France et l'Italie ne pouvaient demander à l'Autriche des concessions *radicales* (concessions *rendues possibles* dans la suite par la défaite de Kœnigsgrætz) qu'en donnant aux Habsbourgs une compensation en Orient (1) ; car on ne pouvait

---

(1) Et non en Silésie, comme le prétendent certains auteurs.

demander à l'Autriche des concessions *définitives* qu'en

— « ... accédant aux idées émises par l'empereur des
« Français dans sa lettre adressée à son ministre
« des affaires étrangères. »

Et voici précisément « *ces idées* » de Napoléon III contenues dans la lettre du 11 juin 1866 :

— « Nous aurions, en ce qui nous concerne, désiré
« *que, moyennant une compensation équitable,*
« l'Autriche pût céder la Vénétie à l'Italie. »

Aussi est-ce de cette manière, et *non gratuitement,* mais avec une « *compensation équitable,* » que la Vénétie fut cédée à Napoléon III ; car le *Moniteur* du 5 juillet 1866 le dit en termes exprès :

— « Un fait important vient de se produire.
« Après avoir sauvegardé l'honneur de ses armes
« en Italie, l'empereur d'Autriche, *accédant aux*
« *idées émises par l'empereur Napoléon, dans sa*
« *lettre adressée le 11 juin à son ministre des af-*
« *faires étrangères, cède* la Vénétie à l'empereur
« des Français, et accepte sa médiation pour ame-
« ner la paix entre les belligérants. — L'empereur
« Napoléon s'est empressé de répondre à cet ap-
« pel, et s'est immédiatement adressé aux rois
« de Prusse et d'Italie, pour amener un armis-
« tice (1). »

---

(1) Napoléon III, en acceptant de l'empereur d'Autriche la ces-

Mais si l'Autriche, écartée de l'Allemagne par suite de la défaite de Kœnigsgrætz, se voit forcée d'attendre aujourd'hui *la réalisation « des idées »* de Napoléon III contenues dans la lettre du 11 juin 1866,

---

sion de la Vénétie en vertu « *des idées* » du 11 juin 1866, c'est-à-dire :

« *Moyennant une compensation équitable,* » pouvait-il la rendre *gratis* à qui que ce fût, *sans l'avoir lui-même reçue en présent ?*

Il est de notoriété publique qu'en vertu de l'alliance entre la Prusse et l'Italie, les deux puissances alliées *ne pouvaient l'une sans l'autre* ni cesser les hostilités ni conclure de conventions *personnelles* avec l'Autriche.

Il en résulte que l'empereur Napoléon, en acceptant la Vénétie, ne pouvait la céder *qu'à la Prusse et à l'Italie réunies ;* car ces deux puissances formaient ensemble *un tout unique,* une *seule partie* inséparable agissant contre l'Autriche.

L'empereur Napoléon pouvait céder la Vénétie *à la partie hostile* à l'Autriche ; mais il ne pouvait la céder *qu'aux mêmes conditions* auxquelles il l'avait reçue ; et si la Prusse et l'Italie avaient refusé *d'un commun accord* d'accepter la Vénétie « *moyennant une compensation équitable* », Napoléon III l'aurait rendue à l'Autriche, ou aurait négocié avec François-Joseph *une cession sans conditions.* — Rien de pareil n'eut lieu, comme nous le savons ; il reste donc ce fait, que la Prusse et l'Italie ont *de concert* accepté a Vénétie à Nicolsbourg des mains de Napoléon III « *moyennant une compensation équitable* ».

La traite des nègres est abolie, et, au dix-neuvième siècle, lorsque les monarques règnent « *par la volonté nationale* », aucune province ne peut être vendue à l'encan, moyennant finance, avec sa population. Nous croyons superflu de le démontrer. Ceux qui pensent que l'Autriche a vendu le duché de Lauenbourg pour 2,500,000 thalers, le 14 août 1865, en vertu de la convention de Gastein, sont dans l'erreur ; l'Autriche n'a fait, *sous ce prétexte,* que recouvrer ses frais de guerre, pour la part qu'elle avait prise avec la Prusse à la guerre contre le Danemark.

Par conséquent « *les compensations équitables* » moyennant lesquelles l'Autriche « *a cédé* » la Vénétie, ne peuvent être que des compensations *territoriales.* D'où il suit rigoureusement :

il est tout naturel qu'avant la guerre, personne n'ait pu exiger de la dynastie des Habsbourgs qu'elle abandonnât de son plein gré l'Allemagne et la Vénétie, et reçût en échange de ses droits... « *des idées de Napoléon III*, » ou même *un engagement collectif* signé par la Prusse , l'Italie et là France, lui promettant en compensation une part dans les futures modifications territoriales qui pourraient avoir lieu en Orient.

Ainsi donc, en 1866, pour obtenir des concessions de la part de l'Autriche, il aurait fallu lui trouver en *même temps* des compensations territoriales en Orient, c'est-à-dire du côté le plus approprié à son développement naturel ; il aurait fallu chercher *à résoudre la fameuse question d'Orient et la question polonaise*, ce qui était une impossibilité matérielle , la France ne possédant pas encore cet effectif d'un million d'hommes, dont elle peut disposer aujourd'hui.

Entre *deux extrémités fâcheuses*, il fallait en choisir

1° Qu'à Nicolsbourg la Prusse et l'Italie, en vertu « *des idées* » du 11 juin 1866, ont reçu la Vénétie des mains de Napoléon III ;

2° Que la France, la Prusse et l'Italie *se sont engagées solidairement* à donner à l'Autriche, en échange de la Vénétie, *d'autres compensations territoriales.*

Et nous demandons de quel *côté* et de quelle *nature* peuvent être *ces compensations territoriales équitables* pour une Autriche.....
« ... dégagée de ses préoccupations italiennes et germaniques, n'u-
« sant plus ses forces dans des rivalités stériles, — mais les con-
« centrant... *dans l'est de l'Europe ?* » (*Lettre de Napoléon III, 11 juin 1866.*)

une; ne pouvant commencer la guerre d'Orient, il fallut laisser éclater celle d'Allemagne.

Dans ce triste état de choses, quel était le devoir de la France ?

1° Localiser la guerre en la limitant exclusivement à l'Italie et à l'Allemagne ;

2° Forcer la Russie à la neutralité, à « *l'immobilité* ».

Voilà le but, — voilà la raison de cette fameuse lettre à M. Drouyn de Lhuys, qui, publiée à grand bruit le 11 juin 1866, fut présentée à l'Europe par Napoléon III *comme le programme politique* du cabinet des Tuileries, tandis qu'en réalité elle n'était qu'une... *ruse diplomatique*, ayant pour but d'amener le prince Gortschakoff à une neutralité complète.

Ne l'oublions pas, cette attitude *passive* de la Russie, cette « *immobilité* » lui enlevait la position brillante et l'influence immense qu'une démarche énergique pouvait lui assurer, si son gouvernement avait pris la défense des droits de l'Autriche contestés en Allemagne, droits dont l'ébranlement et la destruction menaçaient de refouler les Habsbourgs vers l'Orient, et de compromettre ainsi les intérêts les plus chers de la dynastie des Romanoff, parmi les Slaves et sur la mer Noire.

Pour tranquilliser, *pour magnétiser*, pour *endormir*... le vénérable vice-chancelier, Napoléon III, dans sa lettre du 11 juin 1866, *identifia* l'intérêt et les buts de la France avec l'intérêt de la Russie, et voilà le véritable motif des paroles que nous lisons dans ce document :

— « ... Je crois plus digne de notre pays de préférer
« à des acquisitions de territoire le précieux avan-
« tage de vivre en bonne intelligence avec nos voi-
« sins, en respectant leur indépendance et leur na-
« tionalité.

« Le conflit qui s'est élevé a *trois causes :*

« 1° La situation géographique de la Prusse *mal*
« *délimitée;*

« 2° Le vœu de l'Allemagne demandant une re-
« constitution politique plus conforme à ses besoins
« généraux;

« 3° La nécessité pour l'Italie d'assurer son indé-
« pendance nationale.

« Nous aurions, en ce qui nous concerne, dé-
« siré :

« 1° Pour les États secondaires de la Confédé-
« ration une union plus intime, une organisation
« plus puissante, un rôle plus important;

« 2° Pour la Prusse, *plus d'homogénéité et de*
« *force dans le Nord;*

« 3° Pour l'Autriche, *le maintien de sa grande*
« *position en Allemagne.*

« Nous aurions voulu en outre que, *moyennant*
« *une compensation équitable,* l'Autriche *pût cé-*
« *der* la Vénétie à l'Italie; car si, *de concert* avec la
« Prusse *et sans se préoccuper du traité* de 1852,
« elle a fait au Danemark une guerre *au nom de*
« *la nationalité* allemande, il me paraissait juste

— « qu'elle reconnût en Italie le même principe, en
« complétant l'indépendance de la Péninsule.

« Telles sont *les idées* que, dans l'intérêt du re-
« pos de l'Europe, nous aurions essayé de *faire pré-*
« *valoir* (??). Aujourd'hui il est à craindre que le
« sort des armes seul ne décide. »

Que pouvait *souhaiter de plus* le prince Gortschakoff ?

L'Autriche moins la Vénétie, l'Autriche matériellement amoindrie et maintenue « *dans sa grande
position en Allemagne* », c'est-à-dire en *conflit per-
manent* avec la Prusse, en *désaccord* avec la Hongrie, *opprimant et germanisant* les Polonais et les
Bohêmes ; l'Autriche *féodale*, protectrice arriérée
du pouvoir temporel des papes et des *concordats*
romains !.. N'était-ce pas là *l'idéal même*, n'était-ce
pas *le but suprême* de tous les chanceliers moscovites? Et voilà l'Autriche que présentait Napoléon
dans sa lettre du 11 juin 1866, et qu'il présentait
au surplus comme *correspondant* pleinement *aux
intérêts* de la France !

Qu'on se figure la joie, le ravissement du vénérable prince Gortschakoff ! Comme *le corbeau de la
fable*, à la lecture de cette lettre inespérée... il laissa
tomber le fromage qu'il tenait en son bec... nous voulons dire la *situation avantageuse de médiateur*
pacifique de l'Allemagne ; il n'empêcha point la
guerre, et, se tenant à l'écart dans une imprudente

inactivité, il permit à Napoléon III de se saisir *de cette proie précieuse*... de cet inappréciable avantage, si bien qu'il put montrer à Prague la France jouant le rôle glorieux d'arbitre de l'Europe !

L'histoire pourra juger par là des |hautes capacités diplomatiques de ce chancelier moscovite, qui, selon le rescrit d'Alexandre II à la date du 25 juin 1867,

— «...*immortalisa* son nom dans les fastes de l'histoire « nationale de la Russie.... »

et qui cependant (c'est du moins notre ferme conviction) tour à tour *fait perdre* à son pays : en 1863, la Pologne ; en 1864, pendant la guerre du Danemark, l'empire de la Baltique ; et en 1866 l'empire de la mer Noire ! Que la Russie, si elle veut, lui élève à présent des monuments (1) !

---

(1) L'empereur Alexandre, après *la victoire* diplomatique remportée en 1863, passa, *en mémoire de la prise de Paris en 1814*, une revue solennelle à Saint-Pétersbourg...

Quant au prince Gortschakoff, l'amirauté, les ministères et les établissements militaires de la Russie ouvrirent une souscription publique, et lui élevèrent un superbe *monument de marbre*...

On y voit le ministre, sculpté en pierre, dans une pose de *triomphateur*, et appuyé sur trois canons ; chacun d'eux porte la date des notes diplomatiques par lesquelles le prince Gortschakoff a daigné « *insulter* » la France, l'Autriche et l'Angleterre, en réponse à leur intervention diplomatique de 1863, en faveur de la Pologne.—

Au-dessus de la tête du prince Gortschakoff plane l'aigle russe, qui porte dans son bec la devise mosovite « *Dieu protége l'audacieux* » (« *Bog smielym wladiejet* »), et cette dédicace :

« *Au prince Gortschakoff la Russie reconnaissante* » !

Quant à la lettre de Napoléon III à M. Drouyn de Lhuys, nous l'avons toujours regardée comme un piége habilement tendu à la Russie par le cabinet des Tuileries, comme une manœuvre diplomatique dans le genre de celles dont le gouvernement français s'est maintes fois servi pour masquer ses desseins ; par exemple, en feignant l'intention de créer, sur le modèle de la Ligue du Rhin, cette *Triade*, ces trois tronçons allemands. Que le comte de Beust et autres aient pu caresser ce *rêve*, nous l'admettons sans peine ; mais l'Empereur Napoléon n'y a jamais songé sérieusement !

Si la lettre du 11 juin 1866 n'était pas une manœuvre destinée à « *assurer l'immobilité de la Russie* », pourquoi, nous le demandons, après la bataille de Kœnigsgrætz, lorsqu'il pouvait facilement résoudre les trois questions qui étaient les « *trois causes du conflit* »; lorsqu'il pouvait réunir à Paris les représentants de la Prusse, de l'Autriche, de l'Italie et de la Russie, afin de « *résoudre les questions politiques et territoriales* », pourquoi Napoléon III, au lieu d'accepter les « *propositions* » russes, envoya-t-il à Prague M. Benedetti ?

Nous avons déjà répondu plus haut à cette question : la France avait devant elle *deux lignes* de conduite : ou accepter les « *propositions* » de la Russie et par là « *immobiliser* » la Prusse ; ou, se rapprochant de la Prusse, « *immobiliser* » la Russie.

De *ces deux routes* quelle était la plus naturelle ?

Où se trouvait *le véritable intérêt* de la France ?

Voici à cet égard les paroles de Napoléon III :

— « Nos alliés *profitent de nos conquêtes ;* en 1805,
« la France *a comme alliée la Prusse ;* Ulm et Aus-
« terlitz *donnent le Hanovre* à la Prusse, — la
« Prusse se détache de l'alliance française ; Napo-
« léon Ier *est obligé* de la dompter à Iéna. On se de-
« mandera un jour pourquoi, dans les six dernières
« années de son règne, Napoléon Ier s'est montré
« sans pitié pour la Prusse ? C'est que la Prusse
« aura été la puissance qui lui aura fait le plus de
« mal *en le forçant de la combattre, de la détruire ;*
« *elle qu'il eût voulu étendre, fortifier, agrandir,*
« *pour assurer par son concours l'immobilité de la*
« *Russie, pour donner au système continental un*
« *développement incontesté, et par là forcer l'An-*
« *gleterre à la paix* (1). »

Nous dira-t-on que cela était écrit il y a trente
ans, que ce ne sont là que « *des idées* »; qu'en écri-
vant ainsi Napoléon III n'était pas sur le trône de
la France ?

Mais alors nous demandons pourquoi et à quel
effet, dans sa lettre du 11 juin à M. Drouyn de
Lhuys, l'Empereur *s'afflige* de voir

— « … *la position géographique de la Prusse mal déli-*
« *mitée ?* »

____

(1) *Des Idées,* p. 124.

Pourquoi, demandons-nous,

— « ... *il souhaiterait* à la Prusse *plus d'homogénéité*
« *et de force dans le Nord* (1) » ?

Serait-ce pour cette Prusse, *éternelle satellite* de la
Russie, que l'Empereur irait, *dans l'intérêt* de la
France, désirer et souhaiter des frontières *plus so-
lides,* une plus grande puissance ?

— « Je n'ai pas armé un soldat de plus ; je n'ai pas
« fait avancer un régiment ; la France n'a pas tiré
« l'épée *parce qu'elle avait promis d'observer une*
« *stricte neutralité* (2). »

A qui donc avait-elle fait « *ces promesses* », pourquoi et dans quel but ? Est-ce *gratuitement, sans
programme,* sans *vues intéressées,* que Napoléon III
avait le droit ou la volonté de se lier les mains
à lui et à la France en engageant sa parole au
nom de la nation ?

Que veut dire enfin cet important passage du
discours impérial ?

Discutons froidement et sans prévention : si l'intérêt et les sympathies du gouvernement français
étaient *exclusivement du côté des Habsbourgs,* — si la
Prusse, qui donnait le signal d'une lutte fratricide,
ne possédait pas cette sympathie à l'égal de l'Autriche,

---

(1) *Lettre de Napoléon III à M. Drouyn de Lhuys, du 11 juin 1866.*
(2) *Discours de l'empereur Napoléon à l'ouverture des chambres, 14 février* 1867.

— en ce cas il était sans contredit *dans l'intérêt* de l'Autriche elle-même que la France conservât la plus complète *liberté d'action;* qu'elle ne promît nulle part à personne et à aucun prix de « *garder la neutralité* ». Il est clair en effet que, s'il en eût été ainsi, la Prusse, en marchant sur Vienne, aurait été forcée de laisser sur le Rhin des forces considérables, de nombreux corps d'observation ; ce qui aurait changé le plan de campagne, divisé et affaibli son armée et diminué l'ardeur de l'attaque; qui sait même si *l'attitude problématique* de la France n'eût pas rendu la guerre impossible? Non-seulement donc l'Autriche, qui était provoquée et attaquée, n'a pas pu demander et désirer des « *promesses* » de ce genre de la part de l'Empereur, mais encore cette *promesse de neutralité*, qui, déliait les mains de l'Italie et du comte de Bismark, était plutôt une mesure prise *contre* l'Autriche, puisqu'elle *rendait la guerre possible.*

Celui-là seul qui a désiré, provoqué et commencé la guerre, *qui a cru* à la promesse de la France

> — « ... de ne pas faire avancer un seul régiment, de ne
> « pas armer un seul soldat, »

celui qui, de son côté, en marchant sur Vienne, *n'a pas même laissé une patrouille de la landwehr* pour observer le Rhin, celui-là seul est et doit être *reconnaissant* à la France de cette « *promesse faite* »

et religieusement tenue par Napoléon III « *de garder la plus stricte neutralité* ».

On nous dira peut-être que la *seule cause* de la
neutralité de la France, et de ses « *promesses* » faites dans ce sens, était l'intention d'affranchir la
Vénétie et de compléter le programme grandiose

—   « ... de l'Italie libre depuis les Alpes jusqu'à l'Adria-
    « tique ?... »

Mais, après les préliminaires de Nicolsbourg, la
cession de la Vénétie était un fait accompli ; pourquoi donc, à ce moment, Napoléon III n'a-t-il pas
livré M. de Bismark à la discrétion, au jugement
de la conférence européenne? Pourquoi, à ce moment du moins, n'a-t-il pas accepté les « *propositions* » du prince de Gortschakoff? Aurait-il cru
qu'un tribunal européen serait pour les dynasties
du *droit divin* des monarchies allemandes de second ordre moins indulgent et plus cruel que
l'arrêt *tout paternel* du comte de Bismark? L'Empereur des Français pouvait-il craindre que les
cabinets de Saint-James et de Saint-Pétersbourg
ne se montrassent à l'égard de la Prusse plus gé-
néreux et plus prodigues que ne le fut au traité de
Prague l'*économe* et *scrupuleux* M. de Benedetti ?

LE TRAITÉ DE PRAGUE

N'A JAMAIS EXISTÉ.

IV

LE TRAITÉ DE PRAGUE N'A JAMAIS EXISTÉ.

Puisque nous parlons de Prague et du plénipotentiaire qui, après avoir représenté la France, fut décoré du grand cordon par Napoléon III en récompense de ses négociations *utiles* et *avantageuses* pour son pays, sans douter un seul instant que cet habile homme d'État ait pleinement mérité cette haute distinction et cette preuve de faveur, nous voulons appeler l'attention du public sur les circonstances suivantes :

La France, en obtenant à Prague au profit du Danemark le fameux article V et l'affranchissement de la Vénétie au profit de l'Italie, en protégeant la Saxe, la Bavière, etc., a-t-elle négligé ses propres intérêts, s'est-elle oubliée elle-même ?

Cela est difficile à croire. Il est vrai que M. de Bismark avait solennellement juré de ne point *passer le Rubicon*, mais César l'avait passé avant lui..., et M. Benedetti, l'histoire ancienne à la main, n'avait-il pas le droit de poser à Prague cette question :

Qui sera à l'avenir le chef de la force armée de l'Alle-
magne du Sud?

Peut-on supposer un instant que cette question
n'ait pas été débattue à Prague ?

Quelle a été sur ce point l'opinion de M. le
comte de Bismark, nous l'ignorons; mais nous
pouvons du moins citer les paroles du ministre
des affaires étrangères de Bavière, prince de
Hohenlohe, prononcées à Munich en pleine chambre législative, le 19 janvier 1867 :

— « La Prusse *a eu des motifs*, lors de la conclusion
« de la paix de Prague, *pour se borner* à former des
« liens fédéraux *plus étroits* au nord de la ligne du
« Mein, et, en signant le traité de paix, *elle a re-*
« *connu cette délimitation comme obligatoire pour*
« *elle (1).* »

« Vous pouvez *déplorer ces faits...* mais vous
« ne pourrez contester les conséquences qui s'y
« rattachent.

« Il s'ensuit que la Prusse *doit repousser toute*
« *tentative faite par les États du Sud* pour en-
« trer dans la Confédération du Nord ; — il s'en-
« suit, en outre, que le gouvernement *ne peut es-*

---

(1) Le prince de Hohenlohe, en prononçant les paroles ci-dessus,
connaissait pourtant l'existence des « *conventions militaires secrè-*
tes » entre la Bavière et la Prusse, qui furent quelque temps un
mystère pour l'Europe. Il paraît qu'il suffit d'être ministre *bava-*
rois pour avoir le droit, en public, du haut de la tribune, en présence de la représentation nationale réunie, de *dénaturer* si grave-
ment *la vérité.*

— « *sayer* d'entamer des négociations en vue de
« l'union de la Bavière à la Confédération du
« Nord. »

Nous le voyons par ce qui précède, la Prusse
« *a reconnu* » à Prague « *la ligne du Mein comme
délimitation obligatoire pour elle* »; elle s'est solennellement engagée « *à repousser toute tentative faite
par les États du Sud pour entrer dans des liens fédéraux
plus étroits au nord de la ligne du Mein* »; de plus,
nous voyons que le prince de Hohenlohe, plongé
dans le deuil et la tristesse, a amèrement « *déploré
ces faits* » dans les chambres bavaroises !...

Mais nous voyons aussi que cela n'a nullement
empêché M. le comte de Bismark de conclure avec
les États allemands du Sud *en secret* et *sous main*
(comme on dit) des *conventions militaires*, en vertu
desquelles les monarques de ces États, sous la pression d'une menace de détrônement, ont cédé à
Guillaume Ier le commandement en chef de leurs
propres armées ; et plus tard le comte de Bismark,
sans y être forcé, — *de son plein gré*, comme à dessein pour *provoquer* la France, n'a pas craint
de publier ces conventions dans son journal officiel.

En présence de preuves si évidentes de mauvaise foi et d'arrogance de la part du ministre
prussien, en présence d'une violation si flagrante
de la lettre et de l'esprit du traité de Prague, dont

l'ingrat M. de Bismark avait récolté les fruits les plus doux sous l'aile protectrice de la France ; peut-on s'étonner que la nation française, que l'opinion publique, la presse, en un mot que cette France chevaleresque ait tout entière manifesté contre la Prusse une colère et une indignation dépassant toutes les bornes ?... Rien de plus naturel ; aussi les membres de la représentation nationale au Corps législatif ont-ils, dans un accès très-louable d'orgueil et de dévouement patriotique, voté presque à l'unanimité des millions pour le budget de la guerre ; aussi une nouvelle loi a-t-elle appelé sous les drapeaux une armée gigantesque ; aussi a-t-on été jusqu'à *absoudre* les ministres de l'Empereur qui avaient arbitrairement et illégalement disposé des deniers publics pour les dépenses d'un armement extraordinaire !..

Tous ces faits sont connus et notoires ; mais ce que nous ne savions pas encore, c'est que l'artificieux, le prudent, le grand M. de Bismark se mît alors à *imiter* le gouvernement français et à... « *commettre des fautes !* »

Pourtant en voici la preuve :

Si c'est *contre la Prusse* que Napoléon III arme la France, qui ne reconnaîtra que l'intérêt de la Prusse ordonnerait à M. de Bismark *d'entraver et de paralyser* tous les efforts et toutes les démarches, dans ce sens, des ministres de l'Empereur ?

En admettant donc l'éventualité prochaine d'un conflit sanglant sur le Rhin, examinons attentivement si la politique *provocatrice* actuelle du cabinet de Berlin, à l'égard de la France, ne serait pas de la part de M. de Bismark la plus grossière des « *fautes* ». Voyons si cette politique supporte une critique saine et approfondie.

Le comte de Bismark publie et dévoile *de son plein gré* les conventions militaires « *secrètes* » conclues avec l'Allemagne du Sud, dont personne né savait rien, pas même (paraît-il) le prince de Hohenlohe. — Qui donc, nous le demandons, *a forcé* le cabinet de Berlin *à tant de franchise*, à une démarche si prématurée? Il fallait attendre le jour où, la guerre étant déclarée, Guillaume Ier monterait à cheval et prendrait le commandement de l'armée du Sud... N'était-ce pas le meilleur moment pour rendre *publiques* les conventions « *secrètes* » ?

Ce fait d'enlever le sceau du mystère à des traités soi-disant « *secrets* » qui menaçaient la sécurité de la France au moment même où les membres de l'opposition énuméraient à Paris au Corps législatif « *les fautes commises* » par Napoléon III ; ces élucubrations quotidiennes, pleines d'arrogance et de fanfaronnade dirigées contre la France par la presse *officielle* du gouvernement de Berlin ; ces bruits semés partout de compensations territoriales sur le Rhin, *d'abord promises puis refusées* à l'Empereur par le comte de Bismark ; enfin cette affaire du Luxembourg, qui agita tous les esprits, fit couler tant de flots de bile et d'encre !... tous ces *médicaments* amers, caustiques, mordants, excitants, administrés à la France en dose plus que suffisante par la faculté de médecine de Berlin, devaient forcément produire leur effet naturel *et prévu*.

La France, contemplant avec orgueil les aigles impériales d'Iéna, de Wagram, d'Austerlitz, se sentit vivement blessée dans sa dignité nationale ; l'écho des victoires de la Prusse la froissait et semblait obscurcir la supériorité des armes françaises jusqu'alors incontestée dans le monde ; la fanfaronnade et les malignes invectives des organes les plus accrédités de la presse prussienne allumaient, avec une lenteur systématique, une fièvre toujours croissante et excitaient les désirs d'une revanche de gloire dans tous les cœurs français ; enfin les détours diplomatiques, pleins d'un arbitraire et d'un dédain tout aristocratiques (*Junkerthum*) firent perdre patience aux plus chauds partisans de la paix *quand même*... et les forcèrent à démontrer eux aussi la nécessité d'augmenter au plus vite la force et la puissance militaire de l'empire.

C'est ainsi que, *grâce à la politique provocatrice du*

cabinet de Berlin, Napoléon III obtint de la représentation nationale la promulgation de la nouvelle loi militaire et le moyen de la mettre aussitôt à exécution ; on augmente le budget du ministère de la guerre ; on vote des crédits de centaines de millions ; en un mot on arme la France !

L'éloquent M. Thiers lui-même ne saurait nous contester qu'en réclamant des ministres de l'Empereur un *meâ culpâ* public, loin de demander des économies, il a voté pour le prompt armement de la France.

En présence des faits ci-dessus, qui refusera de reconnaître que *c'est le comte de Bismark qui a armé la France ?*...

Peut-on croire qu'il l'ait armée *contre la Prusse ?*

En ce cas, appuyés sur le chassepot français et empruntant à l'honorable M. Thiers son éloquente *apostrophe*, nous pouvons, nous aussi, crier à *l'imprudent* ministre prussien : *A l'ordre !... Monsieur le comte...,*

— « *il n'y a plus une seule faute à commettre* (1)!! »

Il reste à demander pourtant si les « *fautes commises* » par le comte de Bismark à son tour ne seraient point par hasard *une politesse*, un échange d'aimables procédés, un bon office envers l'Empe-

____

(1) *Discours de M. Thiers au Corps législatif*, 14 mars 1867.

reur des Français, en remercîment des « *fautes commises* » par ses ministres, — des « *fautes* » dans *le genre « des points noirs...* » qu'il a daigné apercevoir à l'horizon ?...

Examinons :

Au mois d'octobre 1867 le journal anglais *le Globe* publia avec cet en-tête :

> — « *Nous recevons de Berlin, d'une source authen-*
> « *tique,* »

la lettre suivante de Napoléon III (1) :

> « Tuileries, 12 juillet 1866.

« Cher Monsieur de la Valette,

« J'appelle toute votre attention sur les faits suivants :
« M. Drouyn de Lhuys, d'après un entretien du comte de
« Bismark avec M. Benedetti (alors ambassadeur à Ber-
« lin), *a eu l'idée...* (?) d'envoyer à Berlin un *projet de*
« *compensations* qui nous seraient dues. — Mon opinion
« est que cette *convention...* (?) *aurait dû rester secrète...* (?)
« Cependant on en a parlé à l'étranger, si bien que les

---

(1) Il est bon de s'arrêter sur la manière dont cette lettre *intime* de l'empereur à M. de la Valette se retrouve publiée dans *un journal anglais...* M. de la Valette aurait-il voulu être *aussi indiscret* que M. Drouyn de Lhuys ?... Ce second homme d'État aurait-il publié, lui aussi, ce qui, *de l'avis de Sa Majesté impériale,* « *aurait dû rester secret* » ?....

S'il est impossible d'accuser d'une *indiscrétion criminelle* le ministre actuel des affaires étrangères, *membre du conseil privé,...* il nous faut bien reconnaître que la lettre ci-dessus *était destinée à être publiée...*

Et c'est *ce fait important que nous enregistrons ici !*

« journaux ont fini par déclarer que l'on nous *refusait* les
« provinces du Rhin. — L'entretien que j'ai eu avec
« M. Benedetti m'a montré que, *pour des avantages*
« *très-faibles*, nous mettrions contre nous toute l'Alle-
« magne.

« Il importe de tirer d'erreur l'opinion publique *égarée*
« sur ce point. — Faites en sorte que les journaux dé-
« mentent définitivement ces rumeurs. — J'ai écrit dans
« ce sens à M. Drouyn de Lhuys ; il m'a envoyé *la Cor-*
« *respondance Havas* que vous trouverez ci-jointe.

« Le *véritable intérêt de la France* consiste non pas à
« obtenir un *insignifiant agrandissement territorial*, mais
« à *aider l'Allemagne* à se constituer *de la manière la*
« *plus favorable à nos intérêts* et à ceux de l'Europe.

« Napoléon. »

Ce document nous apprend que M. Drouyn
de Lhuys « *a eu l'idée d'une compensation* »; que
M. Drouyn de Lhuys « *a eu l'idée d'envoyer le pro-*
jet... »; enfin que « *la convention* » ... (il y avait
donc *une convention ?...*) que « *cette convention au-*
rait dû (d'après Sa Majesté Impériale) rester secrète »
(et elle avait été divulguée)...

Ce document, si nous avions la naïveté de le
prendre *à la lettre* pour de l'argent comptant, nous
amènerait forcément aux tristes conclusions suivantes :

1° Que ce n'est pas le grand esprit de Napoléon III (*seul responsable* devant la nation, aux
termes de la Constitution) mais « *la pensée* » de ses

ministres *irresponsables* qui dirige les destinées et l'action de la France ;

2° Que ces ministres *irresponsables*, qui dirigent les destinées de la France, *commettent des indiscrétions*, et ne sont pas capables de tenir caché ce *qui, de l'avis de Sa Majesté, « doit rester un secret »* pour tout le monde.

Tout cela serait triste, bien triste, si cela pouvait être vrai.

Par bonheur, nous avons le droit de douter *de la franchise* des paroles de l'Empereur, sans méconnaître le but profondément politique des *indiscrétions...* commises par M. Drouyn de Lhuys, et la gravité des motifs qui ont déterminé Napoléon III à écrire et à *publier* la lettre du 12 juillet 1866 au marquis de la Valette.

Arrêtons-nous un instant sur les résultats de cette correspondance impériale publiée dans les journaux anglais (1).

En 1866, après les brillants succès militaires, le comte de Bismark, en remettant le glaive au fourreau sous les murs de Vienne, revient à ses occupations ordinaires de ministre. Mais dans cette

---

(1) Nous faisons remarquer que M. Drouyn de Lhuys, *l'indiscret* ministre qui *ne sait pas garder un secret d'État* et qui a rendu public ce qui, *de l'avis de Sa Majesté, « devait rester secret, »* a été aussitôt, probablement en manière de punition... appelé, par une gracieuse lettre du souverain, à faire partie de *son conseil privé,* évidemment pour y apprendre *à mieux savoir se taire...*

sphère aussi l'attendaient de nouvelles difficultés, et de ñon moindres embarras.

L'ancienne Confédération germanique s'était écroulée sur le champ de bataille de Kœnigsgrætz ; il fallait donc élever un nouvel édifice et reconstruire la Germanie : lourde tâche, en vérité !

Bâtir une nouvelle Allemagne, asseoir les fondements durables d'un Empire allemand, sur le terrain *neuf et mobile du Brandebourg sablonneux...* c'était là, en soi-même, une œuvre digne de l'admiration du monde ; mais le ministre prussien avait à surmonter des difficultés qui dépassaient les forces humaines.

Oui, le comte de Bismark, dans les limites restreintes de territoire qui étaient données, avait mission d'élever sur des bases *destinées à une construction d'un tout autre genre...* un édifice, possédant avec l'immensité des proportions, *toutes les conditions de faiblesse* et de *décomposition naturelle*, tous les caractères *du provisoire...*

Le comte de Bismark, en 1866, n'ayant pas encore obtenu, *pour le moment, la permission* de reconstruire l'Allemagne, avait *provisoirement* charge de bâtir... une tour de Babel, ce je ne sais quoi, qui fut plus tard baptisé du nom de « Confédération de l'Allemagne du Nord ».

Qu'y a-t-il donc d'étonnant, nous le demandons,

à ce que *l'architecte...* dans ces conditions et avec ces données, en créant d'un côté au nom du principe des nationalités — ait nié de l'autre et écrasé ce que Dieu et l'histoire avaient créé ?

Qu'y a-t-il d'étonnant à ce que, en jetant à la hâte les fondements réels et durables d'un Empire allemand, il se soit contenté (faute de mieux) d'élever des murailles *provisoires* faites de briques comme la Prusse polonaise, le Schleswig du Nord, la Silésie ou le grand-duché de Posen ? Qu'y a-t-il d'étrange, nous le demandons, à ce qu'en cette masure construite en toute hâte et maçonnée à la diable, il ait employé pour clef de voûte *une couronne kœnigsbergienne « de droit divin »* des Hohenzollern, ne pouvant pas encore toucher *au trône de marbre* de Charlemagne ?

En vérité il n'y a là aucun sujet d'étonnement ou de regret ; car, selon les paroles de Napoléon III,

— « ... le génie de l'ouvrier est de savoir se servir « *des matériaux qu'il a sous la main* (1). »

Nous ne sommes pas des admirateurs passionnés de M. de Bismark ; mais ce serait lui faire injure que de le *prendre au sérieux* lorsqu'en organisant la Confédération de l'Allemagne du Nord il parle à cette occasion, au point de vue historique, de la disparition *de certaines nations et certaines lan-*

______

(1 *Des Idées Napoléoniennes*, page 27.

gues ; ce serait lui faire injure d'admettre qu'en *mystifiant* le prince Gortschakoff, il se trompait lui-même et croyait à la durée, à la justice et à la force d'un édifice *allemand* basé partiellement sur une terre polonaise et sur une province scandinave.

Au contraire, nous sommes certains que le ministre prussien savait parfaitement à quoi s'en tenir sur la valeur *problématique* et *relative* de ce qu'il créait ; mais il savait aussi *pourquoi* il créait, et si, confiant en sa propre puissance et en *celle des autres..*, il avait l'espoir de produire un jour des chefs-d'œuvre, il n'avait nullement la prétention que la Confédération germanique du Nord, que cette combinaison *provisoire,* contraire à toutes les lois divines et humaines, pût sérieusement supporter la critique du bon sens et d'une saine logique.

Or les critiques pouvaient-ils manquer ?

La triple expulsion de la représentation nationale n'avait pas suffi pour régler avec elle tous les comptes personnels de M. de Bismark ; les budgets de quatre années, pendant lesquelles on avait arbitrairement prodigué la fortune publique, n'avaient été ni confirmés ni ratifiés ; sans compter que l'opposition parlementaire commençait à lever la tête ; que le docteur Jacoby, avec tout le parti populaire, trouvait chaque jour plus d'adeptes dans la chambre ; que, dans les provinces nouvellement conquises, il fallait « *s'appuyer sur la bourse et sur les baïonnettes* », tandis que le roi Georges V recevait en Autriche des députations patriotiques de la *légion hanovrienne* et des milliers d'adresses de fidélité venues de son royaume ; — enfin, ce qui était le plus grave, en dépit des contributions de guerre, le trésor prussien était épuisé et complétement vide, si bien que le baron Heydt demandait, pour faire face aux dépenses indispensables, un crédit de soixante millions de thalers !

La situation du comte de Bismark, malgré tous les lauriers cueillis sous les murs de Vienne, n'était donc pas sans présenter, même *à l'intérieur*, une certaine difficulté et un certain péril, et Dieu sait comment il aurait pu se tirer de ce pas critique, quand tout à coup... ô miracle !...

— « ...M. Drouyn de Lhuys *eut l'idée...* d'envoyer à
« Berlin le projet de *compensations dues à la*
« *France...*
  « Cette convention (laquelle?) aurait dû *rester*
« *secrète...* et cependant il en a été parlé à l'étran-
« ger, — si bien qu'à la fin les journaux ont pu-
« blié partout... qu'on avait *refusé* à la France les
« provinces rhénanes... »

Et en effet ce furent d'abord des bruits sourds sur les *prétentions* de Napoléon III, puis un tumulte retentissant, enfin l'indignation et l'inquiétude s'emparèrent de toute l'Allemagne au point que

M. de Bismark put, *non sans raison*, dire publiquement aux chambres de Berlin le 1ᵉʳ septembre 1866 :

> — « La *partie n'est pas encore gagnée!*... Les brillantes victoires de l'armée n'ont fait que relever notre gloire militaire et *augmenter notre enjeu !*
> « Nous avons maintenant *plus à perdre qu'auparavant ! »*

Et sans tarder, battant le fer pendant qu'il était chaud, le baron de Heydt s'écria, le 25 septembre :

> — « *De l'argent ! la main sur la garde de l'épée, la bourse pleine !* » (1)

Les représentants émus, cédant à un noble entraînement (et tournant les yeux vers le Rhin),

---

(1) En examinant la lettre de Napoléon III à M. de la Valette du 12 juillet 1866, nous avons déjà montré *qu'elle était destinée à être publiée dans les journaux.* Mais pourquoi cette lettre du 12 juillet 1866 ne fut-elle publiée *que seize mois plus tard,* c'est-à-dire en octobre 1867 après la conclusion de l'affaire du Luxembourg ? Si la France s'arme *contre* la Prusse et *vice versâ,* l'intérêt de la France ordonnait *d'empêcher autant que possible les millions d'affluer au trésor prussien.* Si donc la lettre impériale avait été publiée par exemple le 25 septembre 1866, au moment où le baron Heydt « *la main sur la garde de son épée* » demandait qu'on lui « *remplît sa bourse »,* cette franche *protestation* de l'empereur Napoléon aurait naturellement apaisé les esprits, consolidé la paix menacée, dissipé les craintes, ranimé le commerce, relevé le cours des valeurs de bourse, et, ce qui était l'essentiel, *privé le baron de Heydt de ses soixante millions de thalers.* — Pourquoi donc nous le demandons, cette lettre de Napoléon III *resta-t-elle un secret* pendant toute la durée de l'affaire du Luxembourg, si *plus tard* on jugea à propos de la publier, en octobre 1867 ?

non-seulement approuvèrent le nouveau crédit demandé, mais acquittèrent et confirmèrent le budget des années précédentes réglé par le gouvernement (sans le consentement des chambres); ils signèrent même en toute hâte, presque sans discussion et *au pied levé*, ainsi que le voulait M. de Bismark, le projet de constitution, qu'il avait *lui-même* rédigé, pour la Confédération de l'Allemagne du Nord.

Nous le voyons par ce qui précède, « *la pensée qu'avait eue M. Drouyn de Lhuys...* » et les *indiscrétions...* des hommes d'État français — tirent d'embarras les ministres prussiens, et procurent au baron de Heydt soixante millions de thalers.

Ainsi donc, si « *les fautes commises* » par M. de Bismark ont *amené l'armement* de la France *contre* la Prusse (dit-on), en revanche « *les fautes commises* » par les membres *du conseil privé* de Napoléon III ont *réparé les finances délabrées* du trésor prussien !

Et l'on voudrait que l'ex-ministre de Louis-Philippe ne fût pas *scandalisé* en présence de tant « *de fautes commises* » autour de lui ?

Heureusement pour M. Thiers que *l'infaillible* prince Gortschakoff existe encore ; lui, l'homme d'État. « *immortalisé dans les fastes de l'histoire de Russie* », sauvera, nous le garantissons, l'honneur de la diplomatie compromis en Europe !

Mais, en énumérant, comme le fit l'auteur de l'*Histoire du Consulat et de l'Empire,* toutes les fautes de tous les diplomates, nous ne saurions passer sous silence celles que M. de Benedetti a commises à Prague.

La Prusse, en signant à Prague la paix avec l'Autriche, avait reconnu la ligne du Mein comme délimitation « *obligatoire pour elle* » et s'était solennellement engagée « *à repousser* » toute tentative des États du Sud pour entrer dans des liens fédéraux « *plus étroits* » au nord de la ligne du Mein.

Et voici qu'on veut nous faire croire que le rusé, le perfide M. de Bismark, abusant de la bonté d'âme de Napoléon III, — a, sous le coup d'une *menace,* soutiré aux monarques de l'Allemagne du Sud *les conventions militaires « secrètes »* ; il a donc violé le traité de Prague ! Oui, vous dira-t-on, et c'est pour venger ce sanglant affront que la France arme aujourd'hui.

Mais, en admettant qu'il en soit réellement ainsi, nous nous permettons une simple question :

La France n'était-elle pas en droit d'exiger (pourquoi ne l'a-t-elle pas fait ?) que la Prusse, en terminant à Prague avec l'Autriche, signât *simultanément* et par *la même occasion* un traité de paix avec la Bavière, le Wurtemberg, le grand-duché de Bade... etc. ?

En *présence* de M. Benedetti, le comte de Bismark, en train de négocier et de tout arranger, aurait-il pu se livrer sur la personne des monarques de l'Allemagne du Sud à des actes de violence et de répression? Et ceux-ci, une fois qu'ils auraient eu fait la paix avec la Prusse et réglé ainsi tous les arriérés de la dernière guerre, — auraient-ils consenti *plus tard* à ces conventions militaires (si dangereuses pour leur prérogative de souverain), avec la Confédération du Nord?

Pourquoi donc la France a-t-elle laissé *à la discrétion* du ministre prussien les monarques de l'Allemagne du Sud?

Pourquoi a-t-on permis au comte de Bismark de négocier avec eux à Berlin *en tête à tête diplomatique*, au lieu d'exiger que ces négociations se fissent à Prague sous les yeux et le *contrôle* sévère du plénipotentiaire de cette France, dont l'*intérêt*, l'*honneur* et la *sécurité* étaient si intimement *liés à la destinée* et à l'organisation future des puissances de second ordre de l'Allemagne du Sud?

Que le prince de Hohenlohe, parfaitement instruit de l'existence des conventions « *secrètes* » conclues entre la Bavière et la Prusse, alors que l'Europe l'ignorait encore, ait jugé *convenable* et *honnête* de dénaturer la vérité publiquement au grand jour, en pleine chambre, du haut de la tribune, cela ne regarde que Son Excellence, en qualité de ministre *responsable* devant les représentants de la Bavière ; mais comment expliquer que le roi de Bavière, *protégé* par la France après la guerre de 1866, et *défendu* à Prague, ait, en signant à Berlin les conventions *«secrètes»*, *conspiré* avec la Prusse *à l'insu* de Napoléon III contre cette même France et son monarque, disons mieux contre... *lui-même?*

Qui serait naïf au point de croire un seul instant que le cabinet des Tuileries ait pu se fier assez légèrement à M. de Bismark en de si graves questions, *pour le croire sur parole?* Qui oserait supposer Napoléon III assez aveugle pour laisser le ministre prussien renverser les trônes de l'Allemagne du Nord, sans savoir qu'on avait résolu à Berlin de réorganiser à l'instar de la Saxe, et la Bavière, et le Würtemberg, et le grand-duché de Bade, en limitant le pouvoir des monarques indépendants et en les réduisant à la position subalterne de *landraths prussiens couronnés?*

Quant à nous, voici quelle a toujours été et quelle est notre opinion : les conventions militaires, donnant à Guillaume Ier le commandement en chef sur toute la force armée de l'Allemagne du Sud, ces conventions secrètes pouvaient être *« secrètes »* pour le prince de Hohenlohe, pour l'Europe, pour le monde entier, soit ; mais non pas pour Napoléon III !

Oui, *c'est à sa connaissance et par sa permission* qu'elles ont été conclues !

Comment? nous dira-t-on, — mais ces conventions secrètes minent, détruisent, renversent et brisent le traité de Prague ; elles en sont la négation vivante ; elles sont *contraires* au texte et à l'esprit des conditions que la Prusse avait acceptées en face de la France, le 23 août 1866, en reconnaissant la ligne du Mein « *comme délimitation obligatoire pour elle* ».

Tout cela est vrai ; mais qu'est-ce que cela prouve?

Cela prouve que le comte de Bismark, en rédigeant et en signant le traité de Prague pour *jeter de la poudre aux yeux de l'Europe*, l'anéantissait en même temps et le détruisait à Berlin. Cela prouve que le traité de Prague, *avant même d'être conclu et signé*, avait déjà cessé d'exister ; que le traité de Prague était un enfant mort-né ; en un mot *que le traité de Prague de facto, sérieusement, n'a jamais obligé les parties contractantes!...*

V.

LE CONGRÈS EN GERME.

V.

LE CONGRÈS EN GERME.

Napoléon III, le 5 novembre 1863, à l'ouverture des Chambres, termina ainsi son discours mémorable :

— « La question polonaise exige plus de développe-
« ments :

« Quand éclata l'insurrection de Pologne, les gouverne-
« ments de Russie et de France étaient dans les meilleures
« relations, et, je n'hésite pas à le déclarer, pendant la
« guerre d'Italie, comme lors de l'annexion du comté de
« Nice et de la Savoie, l'empereur Alexandre m'a prêté
« l'appui le plus sincère et le plus cordial.

« Ce bon accord *exigeait des ménagements* et il m'a fallu
« croire *la cause polonaise bien populaire en France pour*
« *ne pas hésiter à compromettre une des premières allian-*
« *ces du continent*, et à élever la voix en faveur d'une na-
« tion, rebelle aux yeux de la Russie, *mais, aux nôtres,*
« *héritière d'un droit inscrit dans l'histoire et dans les*
« *traités.* — L'insurrection polonaise, à laquelle *sa durée*
« *imprimait un caractère national*, réveilla partout des
« sympathies. Malheureusement, nos conseils désintéres-
« sés ont été interprétés comme une intimidation, *et les*

« *démarches* de l'Angleterre, de l'Autriche et de la France,
« *au lieu d'arrêter la lutte, n'ont fait que l'envenimer.*

« Que reste-t-il donc à faire? Sommes-nous réduits à la
« seule alternative de la guerre ou du silence? Non. —
« Sans courir aux armes comme sans nous taire, un moyen
« nous reste : c'est de soumettre la cause polonaise *à un*
« *tribunal européen.* — La Russie l'a déjà déclaré : des
« conférences, *où toutes les autres questions* qui agitent
« l'Europe *seraient débattues, ne blesseraient en rien sa*
« *dignité. — Prenons acte de cette déclaration !*

« Qu'elle nous serve à éteindre, une fois pour toutes, les
« ferments de discorde prêts à éclater de tous côtés, et que,
« du malaise même de l'Europe, travaillée par tant d'élé-
« ments de dissolution, naisse une ère nouvelle d'ordre et
« d'apaisement.

« *Le moment n'est-il pas venu de reconstruire sur de*
« *nouvelles bases l'édifice miné par le temps et détruit*
« *pièce à pièce par les révolutions?*

« *Les traités de* 1815 *ont cessé d'exister !* Ils ont été bri-
« sés en Grèce, en Belgique, en France, en Italie, comme
« sur le Danube, *et la Russie les foule aux pieds à Var-*
« *sovie !* »

« Quoi donc de plus légitime et de plus sensé que de
« convier les puissances de l'Europe à un *congrès* où les
« amours-propres et les résistances disparaîtraient devant
« un arbitrage suprême?

« Les préjugés, les rancunes qui nous divisent, n'ont-ils
« pas déjà trop duré? La rivalité jalouse des grandes puis-
« sances empêchera-t-elle sans cesse les progrès de la ci-
« vilisation? Entretiendrons-nous toujours de mutuelles
« défiances par des armements exagérés? Les ressources
« les plus précieuses doivent-elles indéfiniment s'épuiser

« dans une vaine ostentation de nos forces ? Conserverons-
« nous éternellement *un état qui n'est ni la paix* avec sa
« sécurité, *ni la guerre* avec ses chances heureuses ? Ne
« donnons pas plus longtemps *une importance factice* à
« l'esprit subversif des *partis extrêmes, en nous oppo-*
« *sant par d'étroits calculs aux légitimes aspirations des*
« *peuples !* — Réunissons-nous sans système préconçu,
« sans ambition exclusive, animés par la seule pensée d'é-
« tablir un ordre de choses fondé désormais sur *l'intérêt*
« *bien compris des souverains et des peuples !*

« *Cet appel*, j'aime à le croire, *sera entendu de tous.* —
« *Un refus ferait supposer de secrets projets qui redoutent*
« *le grand jour ;* mais, *quand même la proposition ne se-*
« *rait pas unanimement agréée, elle aurait l'immense*
« *avantage d'avoir signalé à l'Europe où est le danger, où*
« *est le salut.*

« *Deux voies* sont ouvertes : *l'une conduit au progrès*
« par la conciliation et la paix ; *l'autre, tôt ou tard, mène*
« *fatalement à la guerre par l'obstination à maintenir*
« *un passé qui s'écroule.* — Vous connaissez maintenant,
« Messieurs, le langage que je me propose de tenir à l'Eu-
« rope. — Approuvé par vous, sanctionné par l'assenti-
« ment public, *il ne peut manquer d'être écouté puisque*
« *je parle au nom de la France !* »

L'idée de convoquer à Paris un congrès européen pour résoudre, en même temps que beaucoup
d'autres questions, la question polonaise, qui est
pour l'Europe un continuel sujet d'inquiétude ; ce
projet, publié si solennellement, frappe par l'ori-
ginalité de sa conception. Mais en dépit de sa gran-

deur, malgré les motifs élevés et profonds qui ont inspiré les paroles de l'auguste orateur, il provoque tout d'abord cette question : *Quelle raison a pu décider* Napoléon III à une démarche si impérieuse, si décisive, *et en apparence si prématurée ?*

L'empereur Napoléon, après une intervention diplomatique stérile dans l'affaire de Pologne, propose un congrès et invite les monarques à se rassembler à Paris : c'est alors en faveur des *nationalitées opprimées* qu'il fait entendre sa voix ; c'est en qualité *d'élu du peuple* qu'il s'adresse *au nom des peuples* à toute l'Europe armée.

Un BONAPARTE qui, du haut du trône de France, convoque les *oppresseurs* et les *opprimés* devant le « *tribunal suprême européen* », qui, du haut de ce trône, veut faire descendre sur le monde la paix universelle, la concorde, l'union, le désarmement, la civilisation, le progrès, ou... *menace les gouvernements* d'une « *guerre* » terrible, *d'un bouleversement...* s'élève, il faut le reconnaître, et élève avec lui la France au faîte de la grandeur terrestre ; il aspire de son vivant à des lauriers immortels, et, d'une main puissante, il érige pour lui et pour son pays, *dans le cœur de millions d'individus*, un monument de gloire impérissable !...

Le 5 novembre 1863, l'Empereur Napoléon III est monté au sommet de l'échelle, *il s'y dresse dans toute sa majesté...* il ne saurait plus *descendre ni reculer* sans perdre tout son crédit et tout son prestige! Pouvait-il l'ignorer?

Quant à nous, nous ne saurions l'admettre; car nous avons la ferme conviction que, malgré toute la puissance de son génie, malgré toute la force de la France, Napoléon III, en tant qu'homme d'État, a dû examiner *les circonstances* qui l'entouraient et l'attitude politique des puissances européennes; il a compris toute la portée de sa déclaration solennelle et des *engagements moraux contractés envers les peuples*; il n'a pas méconnu non plus les *difficultés* immenses et la *résistance* que devait rencontrer ce hardi programme tracé de sa main...

Et pourtant le congrès n'a pas eu lieu, nous dira-t-on!

C'est vrai, mais qui pourrait prouver que l'auguste orateur, en invitant à Paris un aréopage de monarques, n'était pas *d'avance plus que certain* que l'idée du congrès *ne serait pas réalisée sur-le-champ*? N'avait-il donc pas dit lui-même :

— « Cet appel, j'aime à le croire, sera entendu de « tous; un refus ferait supposer *de secrets projets* « *qui redoutent le grand jour. Mais, quand même* « *la proposition ne serait pas unanimement agréée,* « elle aurait *l'immense avantage* d'avoir signalé « à l'Europe *où est le danger, où est le salut.* »

Où est « *le salut* »? Nous le savons aujourd'hui :

sous l'aile protectrice de la France impériale, démocratique !

Où est « *le danger* » ?

Demandez à l'Angleterre qui contemple avec effroi l'Inde... Tachkent, Bukhara, Khiva, Samarcande et le Caucase également menacés ; — elle vous *dira le chemin !*

Est-ce que l'exposition *ethnographique* de Moscou et la propagande panslaviste en Bohême, en Gallicie, en Turquie, n'ont pas « *signalé* » à l'Autriche — « où était le « *danger ?...* »

La Russie applaudissant un descendant des Habsbourgs qui entrait en 1863 dans les murs de Francfort à la tête de tous les princes de la Confédération germanique ; la Russie *protestant*, le 30 août 1866, contre *les annexions* prussiennes conquises à Kœnigsgraetz; la Russie *faisant expulser* à Londres en 1867 la garnison prussienne des forteresses du Luxembourg ; la Russie introduisant la langue russe, la religion orthodoxe et l'oppression parmi les Allemands de la Baltique à Mittau, à Riga et à Revel ... la Russie ne « *signale-t-elle pas* » à la Germanie qui *s'unifiait* (avec l'aide de la France) à Düppel et à Prague, de quel côté arrive « *le danger* » ?

Le prince Gortschakoff fulminant contre Victor-Emmanuel (1), à l'occasion des événements surve-

---

(1) Dans sa dépêche du 10 octobre 1860 au prince Gagarine à Turin.

nus dans le royaume de Naples, et lui reprochant

> — « ... *de marcher avec la révolution pour en re-*
> « *cueillir l'héritage,* »

le prince Gortschakoff rappelant à l'Italie *qui s'unis-
sait* au nom *du principe des nationalités*

> — « ... *les lois éternelles* (qui protégent les monar-
> « ques du droit divin), sans lesquelles ni l'or-
> « dre, ni la paix, ni la sécurité, ne peuvent exister
> « en Europe; »

la Russie ne « *signale-t-elle pas* » à l'Italie délivrée
par le sang français « *où était le danger* »?

Le gouvernement moscovite, en outrageant le
pape, — en rompant ses relations avec le Saint-
Siége; en exterminant le catholicisme en Pologne,
en Lithuanie et en Ruthénie; en profanant les
temples, en reléguant les évêques dans la Sibérie,
en persécutant les Grecs-unis et en forçant par
la violence toute une nation de passer à la religion
soi-disant *orthodoxe;* le gouvernement moscovite
n'a-t-il pas « *signalé* » de quel côté venait « *le
danger* » pour le catholicisme?

Enfin les Mourawieff, les Bézak, les Kauffmann,
les Czerkaski, les Milutyne, les Katkoff, les Berg,
les Pogodine et autres « *meneurs russes* » (*diéïatieli*),
dans cette Pologne qui

> — « ... lors du soulèvement de 1863 a fait appel à ce
> « qu'il y a de plus *élevé dans le cœur de l'homme,*

— « *aux idées de justice*, *de patrie* et *de reli-*
« *gion* (1)... »

toute cette *meute* de réformateurs *finno-mongols*,
qui, emportés par le torrent du *nihilisme* moderne
et des idées communistes dénaturées, sapent les
principes fondamentaux de la société : la famille,
la propriété, la religion, — qui, en plein dix-
neuvième siècle, non contente d'exiler du Caucase
une population de 300,000 hommes, exproprie
20,000 propriétaires fonciers en Lithuanie et en
Ruthénie (au nom de quel *principe* ?) — pour
russifier ce qui n'a jamais été russe... ; cette *bande*
n'a-t-elle pas « *signalé* » à l'Europe frappée d'étonnement et de stupeur d'où devaient venir la destruction et le « *danger* »?

Nous voyons donc que c'est pour réveiller l'Europe endormie sur le bord de l'abîme, pour lui
faire toucher du doigt le « *danger* » qui la menaçait, et tout ensemble pour lui montrer où était « *le
salut,* » que Napoléon III, en 1863, ayant besoin
de gagner du temps, imagina cet expédient de génie :
il proposa un congrès universel.

Espérait-il voir les puissances accepter cette
proposition sur-le-champ? Non ; mais, pressentant

---

(1) Réponse de M. Drouyn de Lhuys du 3 août 1863 à la note
russe du 13 juillet dans la question polonaise remise au prince de
Montebello à Carskoie Sielo le 18 juillet 1863.

les redoutables projets de la Russie, il voulut avoir cet

— « ... immense avantage de signaler à l'Europe où
« est le danger, »

et c'est pour cela qu'il ajoutait :

— « ... *un refus* ferait... *supposer de secrets projets...*
« qui redoutent le grand jour ! »

Le « *refus* » de la part du prince Gortschakoff *était donc prévu et souhaité;* mais, pour faire éclater au dehors et faire sortir du domaine des « *suppositions* » ses « *projets qui redoutent le grand jour* », il fallait un espace de quelques années... il fallait représenter la France *impuissante* et isolée — comme *une rêveuse*, en désaccord avec le monde entier; car ce n'était qu'en face des puissances européennes désarmées ou *mutuellement divisées* que la Russie, sûre de l'impunité, pouvait dépouiller *sa peau d'agneau* et montrer, « *sans redouter le grand jour* », *ses dents de loup affamé*, démasquant ainsi tout l'odieux de ses instincts sauvages, envahissants et destructeurs !

Qu'un certain *espace de temps...* et le concours de certaines circonstances *favorables* aient été nécessaires pour cette *métamorphose* moscovite, rien de plus simple et de plus clair.

Mais si le refus de la Russie, si son opposition au congrès européen projeté, était une chose *nécessaire et prévue*, cet espace de temps qui s'écoule entre la date à jamais célèbre du 5 novembre 1863 et le jour où (nous n'en doutons pas) le congrès se réunira à Paris, n'était pas moins nécessaire, d'abord, comme nous venons de le dire, pour *démasquer* la Russie et ensuite pour les motifs ci-après :

Napoléon III avait dit :

— « Les traités de 1815 *ont cessé d'exister* partout,
« et la Russie *les foule aux pieds* à Varsovie. »

Sans doute rien de plus vrai ; mais, en 1863, l'Empereur, après ces mots : « *ont cessé d'exister,* » aurait pu ajouter : « *pour la France et pour la France seule.* » A ce moment en effet :

1° LA RUSSIE, qui « *à Varsovie foulait aux pieds ses traités* », dans la réponse du prince Gortschakoff (26 août et 7 septembre 1863), s'exprimait encore sur ce ton :

— « Quant à la *responsabilité* que Sa Méjesté Im-
« périale peut encourir — dans toutes les relations
« internationales , — ces relations, étant réglées
« *par le droit public,* la violation seule des *princi-*
« *pes fondamentaux* (?) de ce droit peut entraîner
« *la responsabilité.* — Or Sa Majesté Impériale *a*
« *respecté ces principes* envers les autres puissan-
« ces, et elle est *en droit d'exiger* d'elles le même
« respect. »

La Russie en 1863, tout en les « *foulant aux pieds* » à Varsovie, « *respectait* » donc ces traités en

Europe, et, qui plus est, revendiquait « *son droit* » de les voir mutuellement « *respectés* » dans leurs clauses *fondamentales* (?) par les autres puissances.

2° L'Angleterre, défendant à outrance les traités de Vienne, se proclamait la gardienne de l'équilibre européen, — et lord Russel consentait même à soutenir la Pologne, pour pouvoir restaurer les fondements croulants du congrès de 1815.

3° L'Autriche, après la reculade définitive du cabinet de Saint-James dans la question polonaise, après cette *fameuse note* du 20 octobre 1863, remise au prince Gortschakoff et témoignant de la « *satisfaction* » de la Grande-Bretagne, l'Autriche s'empressa (à contre-cœur bien entendu), mais enfin s'empressa d'aller faire *sa révérence* à Saint-Pétersbourg, et, sur l'ordre de son gouvernement, M. de Thun s'exprima ainsi, vers la fin d'octobre 1863, en présence du vice-chancelier :

> — « Sa Majesté Apostolique *n'avait jamais voulu* « *participer et ne participera jamais* à une poli- « tique *qui pourrait être regardée comme hostile* à « la Russie ; il n'avait jamais été *dans l'intention* « du cabinet impérial, *soit de regarder les traités* « *de 1815 comme annulés*, soit de déclarer belligé- « rants les insurgés des provinces polonaises de la « Russie. »

4° Enfin la Prusse, dans la gracieuse réponse de Guillaume Ier à Napoléon III, tout en acceptant

le projet et en partageant *l'idée d'un congrès européen,*
disait cependant le 18 novembre 1863 :

> — « Les traités de 1815, dans le courant d'un demi-
> « siècle, ont nécessairement dû subir les modifi-
> « cations que l'influence irrésistible du temps et
> « des événements produit sur toutes les institu-
> « tions humaines.
> « *Ces traités n'en continuent pas moins à for-*
> « *mer les fondements, sur lesquels repose aujour-*
> « *d'hui l'édifice politique de l'Europe.* »

Ce résumé des considérations de la Russie, de
l'Angleterre, de l'Autriche et de la Prusse, en 1863,
sur les traités de 1815, montre évidemment que
l'opinion de ces quatre grandes puissances *n'était
pas absolument identique...* en ce qui concernait l'appréciation publiquement exprimée, le 5 novembre,
par l'empereur Napoléon ; — mais, d'autre part,
cela prouve aussi qu'à partir de ce jour mémorable... *un certain laps de temps était indispensable ainsi
qu'une ou deux guerres sérieuses,* pour que les paroles
du souverain de la France, *d'abord inintelligibles et
énigmatiques,* fussent comprises par l'Europe. — Ce
qui démontre une fois de plus que, si l'on avait
annoncé le projet et l'idée d'un congrès en 1863,
ce n'était nullement *dans l'espoir* et *avec la prétention*
de voir cette idée *se réaliser sur-le-champ.*

Napoléon III a dit :

> — « Il faut plaindre les peuples *qui veulent récolter*

— « *avant d'avoir labouré le champ*, ensemencé la
« terre et donné à la plante *le temps de germer*,
« *d'éclore et de mûrir. Une erreur* fatale est de
« croire *qu'il suffise d'une déclaration de principes*
« *pour constituer un nouvel ordre de choses* (1). »

Le 5 novembre 1863, il n'était donc tombé de la
bouche d'un BONAPARTE, *l'élu du peuple*, dans « *un
champ...* » fertile et préparé, *que la semence d'un congrès;* — mais le sage *agriculteur*, pour lui « *donner
le temps de germer, d'éclore et de mûrir* », pour récol-
ter la moisson espérée, savait qu'il *fallait d'abord
que le fer remuât le champ...* et que le sang humain
vînt l'arroser. —

Il savait qu'il ne suffit pas « *d'une déclaration de
principes pour constituer un nouvel ordre de choses* »,
et voilà pourquoi, après *avoir fait*, le 5 novembre
1863, « *une déclaration de principes* », il ne s'occupa
que plus tard de la mettre en œuvre, et les guerres
de Danemark et d'Allemagne amenèrent et « *cons-
tituèrent le nouvel ordre de choses* » !

La pensée féconde, *semée* le 5 novembre 1863, a
rapidement grandi sous les yeux de l'habile et la-
borieux *agronome...*, qui a bien le droit aujourd'hui
de compter sur une *récolte abondante !...*

Depuis le moment où le mot de « *congrès* »,
tombé des lèvres de l'Empereur comme *la semence*

---

(1) *Des Idées Napoléoniennes*, p. 39.

« *d'un nouvel ordre de choses* », a commencé à parcourir l'Europe... étouffant le vieux *chardon* fané des traités plantés en 1815... depuis cette époque mémorable, il s'est à peine écoulé quatre ans !...

Regardons autour de nous, et voyons quelle salutaire *récolte* a donnée en si peu de temps *la semence* jetée le 5 novembre 1863.

1° L'ANGLETERRE qui, en 1863, *sous prétexte de sympathie* pour la malheureuse Pologne, demandait *la résurrection des traités de* 1815, plus tard, après la guerre de Danemark, proteste de concert avec la France contre la Convention prusso-autrichienne conclue à Gastein le 14 août 1865, et, dans une note identique, reconnaît

> — « ... *la possibilité de remplacer les traités* dans le
> « Schleswig par la reconnaissance des droits na-
> « tionaux et le suffrage universel. »

2° LA RUSSIE, qui, en 1863 (1), déclarait encore qu'elle « *respectait* » (?...)

> — « ... le droit public (de 1815), et qui *réclamait* de
> « l'Europe le respect *des principales bases*... de ce
> « droit international, »

la Russie, disons-nous, proteste, le 30 août 1866, contre les annexions territoriales accomplies par le comte de Bismark, demande un congrès... et

> — « ... sur le *refus des autres cours* d'adhérer à cette

---

(1) *Dépêche du prince Gortschakoff du* 26 *qoût* (7 *septembre*).

— « ... proposition (dit le prince Gortschakoff), la Rus-
« sie *a le champ libre ;* désormais les *intérêts na-*
« *tionaux* de la Russie seront pour elle *l'unique*
« *mesure !* » (Et les traités?)

3° L'Autriche, qui, en 1863, déclarait au prince
Gortschakoff par la bouche de M. de Thun son
ambassadeur à Saint-Pétersbourg,

— « ... *qu'elle n'avait jamais eu l'intention de recon-*
« *naître les traités de 1815 comme nuls et non obli-*
« *gatoires,* »

Cette même Autriche (1),

— « ... *contrairement aux traités*, sans hésitation, *de*
« *concert avec la Prusse*, fait la guerre au Dane-
« mark *au nom du principe des nationalités;* »

bien plus, à Prague, elle renonce à l'hégémonie
allemande, qu'elle cède à la Prusse; elle laisse la
Vénétie aux Italiens; elle reconnaît les droits *jus-*
qu'alors méconnus des Hongrois, des Polonais, etc.,
et par suite elle n'est plus, comme en 1863, la re-
présentante des vieilleries de 1815.

4° La Prusse enfin, en la personne de Guillaume Iᵉʳ qui, le 18 novembre 1863 (2), déclarait
que

— « ... les traités de 1815 n'en continuent pas moins à

---

(1) *Lettre de Napoléon III à M. Drouyn de Lhuys du 11 juin*
1866.

(2) *Lettre de Guillaume Iᵉʳ à Napoléon III.*

— « former *le fondement sur lequel repose aujour-*
« *d'hui l'édifice politique de l'Europe*, »

déchire, à Duppel, à coups de baïonnettes les traités de 1852; appuie aux conférences de Londres *la motion de la France* pour que le Schleswig soit partagé conformément à la nationalité des habitants, renverse à Kœnigsgrætz les traités de 1815; annonce aux Hongrois et aux Bohêmes qu'on leur rendra les institutions qui leur appartiennent (1), sanctionne à Prague l'unité italienne, renonce au Schleswig du Nord en *consentant au suffrage universel* dans ce pays, et enfin, en incorporant le grand-duché de Posen dans la Confédération allemande, « *foule aux pieds* » une fois de plus les stipulations des traités de Vienne.

On voit par là combien sont *injustes* les reproches faits à Napoléon III de n'avoir pas su mettre à exécution le programme publié le 5 novembre 1863. Avons-nous le droit de douter un instant de

---

(1) La Prusse, pendant la lutte avec l'Autriche, publia une *proclamation* aux Hongrois et aux Bohêmes, en leur promettant que les victoires prussiennes feraient fleurir pour eux *une ère nouvelle :* l'ère de la reconnaissance de leurs droits, de leur nationalité. — La Prusse n'a-t-elle pas tenu parole ? Car enfin elle ne disait pas dans sa proclamation *de quelle main devait tomber* un jour le don précieux pour les nationalités opprimées. — La Prusse *a tenu parole* ; car les Autrichiens ont fait honneur à sa signature,... en payant aux Hongrois et aux Polonais, après Kœnigsgrætz, *la lettre de change* qu'au moment de la guerre la Prusse *avait émise* en leur faveur...

la *puissance créatrice* de la Providence, parce que sa main est *cachée et invisible*?..

L'Évangile a dit :

— « On reconnaît la bonté de l'arbre *aux fruits*
« *qu'il porte ; c'est à leurs actes que vous les re-*
« *connaîtrez !...* »

Jugeons donc *d'après les faits*, non d'après le sens *littéral des mots ;* car souvent la pensée *véritable* est cachée à nos regards *et masquée à dessein !*

Napoléon III, en proclamant si solennellement, le 5 novembre 1863, un *nouveau droit public* à la place des traités renversés, si d'une part il *n'a indiqué ni le jour ni l'année* où

— « ... sa voix ne pourrait manquer d'être écoutée...»

c'est-à-dire où le congrès européen se réunirait à Paris, — d'autre part il a dit :

— « ... *deux voies* sont ouvertes. »

La France proposant le congrès, *et prête* en 1863 à suivre l'une des « *deux voies* » : celle

— « ... qui conduit au progrès *par la conciliation et la*
« *paix* en ne s'opposant pas aux légitimes aspira-
« tions des peuples,... »

en cas de refus « *à cet appel...* »

— « ... de refus, *qui ferait supposer de secrets projets,*
« *qui redoutent le grand jour ;...* »

n'était pas encore suffisamment préparée, au point
de vue militaire, pour suivre *la seconde voie :*

—   « ... *qui mène* fatalement *à la guerre* par l'obstina-
    « tion à maintenir *un passé qui s'écroule!...* »

L'Empereur Napoléon le savait à merveille ; il
savait que la France était désarmée et que *son tour
et son heure* n'étaient pas venus ; que les sanglantes
catastrophes de Danemark, d'Allemagne et d'Italie *devaient précéder* le moment solennel où :

—   ... « sa voix ne manquera pas d'être écoutée... »

aussi, le 5 novembre 1863, *il en prévenait* l'Europe :

—   « ... mais quand même *la proposition* d'un con-
    « grès *ne serait pas unanimement agréée*, elle
    « aurait l'immense avantage d'avoir signalé à l'Eu-
    « rope *où est le danger! où est le salut.* »

On pourrait nous dire : Pourquoi donc l'Empereur, *qui prévoyait* « *le danger,* » n'avait-il pas armé
la France *plus tôt?*

Voici notre réponse :

Napoléon III, en ouvrant la session des Chambres, le 14 février 1867, a prononcé ces paroles :

—   « Depuis votre dernière session, de graves évé-
    « nements ont surgi en Europe. — Quoiqu'ils aient
    « *surpris le monde* par leur rapidité comme par
    « l'importance de leurs résultats, il semble, d'après
    « les prévisions de l'Empereur, *qu'ils dussent fa-*
    « *talement s'accomplir.* »

—   « Napoléon disait à Sainte-Hélène :

« *Une de mes plus grandes pensées a été* l'agglo-
« mération, la concentration des mêmes peuples
« géographiques qu'ont dissous, morcelés les ré-
« volutions et la politique... Cette agglomération
« *arrivera tôt ou tard* par la force des choses... »

« Les transformations qui ont eu lieu en Italie et
« en Allemagne *préparent... la réalisation de ce*
« *vaste programme de l'union des États* de l'Eu-
« rope dans une seule confédération ! »

Par ces paroles de l'Empereur, nous voyons
clairement : que les transformations qui ont eu
lieu en Allemagne, c'est-à-dire que l'état des choses créé par Napoléon III et le comte de Bismark
à Prague, que la Confédération de l'Allemagne
du Nord (qui n'est qu'un *marchepied* pour faire
atteindre au roi de Prusse la couronne impériale,
qu'une étape vers l'unité allemande), *préparent la*
réalisation du vaste programme de Napoléon Ier, *pré-*
parent l'union de l'Europe en une seule confédération.

Nous voyons que les graves événements « *prévus*
à Sainte-Hélène » et survenus en Europe en 1866
ont « *surpris le monde* » par l'importance de leurs
résultats ; mais, nous le demandons, pouvaient-ils
étonner et « *surprendre* »...

—   « ... *l'un des piliers de l'édifice* du grand Empe-
« reur, *un des propagateurs de ses idées ?...* »

Nous voyons de plus que

—   « ... *le spectacle* des efforts tentés par les nations voi-

— « sines *pour rassembler leurs membres épars* depuis
« tant de siècles *ne saurait inquiéter* un pays (la
« France) qui, *ayant promis* d'observer une stricte
« neutralité, a assisté *avec impartialité* à la lutte
« qui s'est engagée de l'autre côté du Rhin. »

Cela n'est-il pas clair ? Napoléon III...

— « ... n'a pas tiré l'épée,— n'a pas armé un soldat de
« plus, — n'a pas fait avancer un régiment..... »

parce que l'armée de Guillaume Ier *portait sur ses
baïonnettes* sous les portes de Vienne *le testament du
martyr de Sainte-Hélène* !.. Parce que *sur le drapeau*
vainqueur des Hohenzollern *on avait inscrit*...

— « ... *une des plus grandes pensées...* »

dont *l'apôtre, le missionnaire* et le « *propagateur* »
avait juré le 29 octobre 1836 :

— « ... *de vaincre ou mourir pour la cause des peu-*
« *ples* (1) !... »

___

(1) « ... J'ai voué mon existence *à l'accomplissement d'une
« grande mission !* Du rocher de Sainte-Hélène un rayon de soleil
« mourant a passé dans mon âme. — Je saurai garder ce feu sa-
« cré... je saurai vaincre ou mourir POUR LA CAUSE DU PEUPLE !...
« Voyez l'aigle, emblème de gloire, *symbole de liberté !...*
« Vive la France ! Vive la liberté !

« NAPOLÉON. »

(Proclamation de Strasbourg.)

VI.

Y A-T-IL EU EN 1867 UNE QUESTION
DU LUXEMBOURG?

VI.

Y A·T·IL EU EN 1867 UNE QUESTION DU LUXEMBOURG?

En 1866, le traité de Prague *n'a jamais existé*, n'a jamais obligé les parties contractantes (quant à la délimitation de la ligne du Mein); c'est là, d'après nous, une chose très-certaine; mais ce qui n'est pas moins certain, c'est qu'en 1867 la France *n'a eu* avec la Prusse *aucun démêlé au sujet de Luxembourg*.

Mais, va-t-on nous dire, c'est une dérision, un paradoxe! C'est vouloir nier l'évidence que d'aller à l'encontre de faits authentiques, accomplis au grand jour!

Soit, mais s'il est permis aux ministres du monde entier de « *commettre des fautes* » impunément, nous avons bien le droit aussi avec les honorables MM. Thiers, Garnier-Pagès, Guizot, Klaczko, etc., de les énumérer impunément, et de raisonner à perte de vue. Nous continuons :

Après avoir parcouru et enregistré toute une litanie de *fautes commises* à Paris, à Prague, à Berlin, dans l'impossibilité où nous sommes d'en trouver *une seule* à Saint-Pétersbourg, nous nous arrêtons à Vienne.

Dans cette Autriche...

> — « ... dégagée de ses préoccupations italiennes et ger-
> « maniques, n'usant plus ses forces dans des riva-
> « lités stériles, mais les concentrant dans l'est de
> « l'Europe, »

dans cet empire « *d'Orient* » (Œsterreich), c'est le comte de Beust, honoré des sympathies de l'empereur des Français, qui prit en main la direction du gouvernement.

Si, à la suite des tristes événements de 1866, l'état présent de ce pays n'offrait pas au nouveau chancelier un chemin jonché de roses, l'avenir, du moins dans ses limites restreintes, ne s'annonçait pas non plus sous de brillantes couleurs.

Sans parler de la situation déplorable et passée à l'état chronique des finances autrichiennes, sans insister sur la politique intérieure, qui, à cause de l'hétérogénéité des parties constitutives de l'empire, se heurtait à chaque pas contre des problèmes ardus et épineux, le comte de Beust avait à l'extérieur un obstacle unique, il est vrai, mais difficile à franchir.

La Russie, bercée et magnétisée par le cabinet des Tuileries dans les premiers mois de la mémorable année 1866, dormait *du sommeil du juste* sur

les lauriers glorieux conquis en Pologne ; elle ve--
nait encore d'être *rassurée* par le programme politique de la France publié dans la lettre du 11 juin
de Napoléon III à M. Drouyn de Lhuys ; mais elle
se réveilla en sursaut au bruit du canon de Kœnigsgrætz.

Le vénérable prince Gortschakoff, habitué à
« *dompter* (du fond de son cabinet de Saint-
Pétersbourg) *par la puissance de la parole les ennemis renaissants de la Russie* », à la nouvelle de la défaite de l'Autriche, se frotta les yeux, et déjà il
avançait l'extrémité de son nez de diplomate sur
l'Europe troublée ; déjà, avec toute la gravité d'un
magister renfrogné, il se disposait, en robe de
chambre et en pantoufles, à ramener à l'ordre
« *cet Occident pourri* » ; déjà il étendait la main
pour saisir par l'oreille le turbulent, l'entêté M. de
Bismark... et, pour « *maintenir l'Autriche dans sa
grande position en Allemagne* », il proposait aux
puissances neutres

> — « ... de réclamer la participation de l'Europe à la
> « solution des questions *politiques* et *territoriales*,
> « *qui compromettent* l'équilibre européen, appuyé
> « sur des traités signés en commun,... »

quand tout à coup l'empereur Napoléon « *eut
l'idée* » de « *commettre* » à Prague une série de
« *fautes* » !

Rempli d'étonnement, mais non de joie peut-

être, le ministre moscovite déclara le 30 août
1866 que...

>   — « ... *cette proposition* du gouvernement impérial
>   « russe *n'a pas été agréée* par les autres puissan-
>   « ces... La Russie réserve ses droits de puissance
>   « européenne; elle a un libre champ d'action; *dé-*
>   « *sormais son intérêt national sera son unique*
>   « *mesure !* »

Hélas ! cet « *intérêt national de la Russie* », cette
« *unique mesure* » s'étendent depuis la Baltique jusqu'au Bosphore, depuis les Indes orientales jusqu'à l'Adriatique ! L'Europe, qui connaît depuis
longtemps cette *géographie moscovite,* est restée
témoin silencieux d'une persécution sanglante,
inouïe dans les fastes du monde, des violences, de
la destruction, des meurtres et de l'oppression la
plus atroce, exercés sur la Pologne; l'Angleterre
a fini par comprendre que Taschkent et Samarcande étaient l'*antique berceau* des Rurik et de l'orthodoxie; le Caucase et les bords de la mer Noire
ont respiré « *affranchis...* » du joug de 300,000
montagnards « *barbares* » déportés de force; les
provinces de la Baltique, en rentrant dans le sein
de la «*mère-patrie* », en se régénérant par la religion grecque « *de leurs ancêtres* », en adoptant la
langue de ce culte, ont secoué la moisissure « *de
la civilisation occidentale corrompue et pourrie* »; l'heureuse île de Crète a connu les *fruits* pleins de dou-

ceur de la bienveillante protection des empereurs panslavistes ; la Roumanie et les provinces vassales de la Porte ont tressailli au contact de la main fraternelle *et prodigue* de la « *grande patrie commune* » ; l'Amérique aux institutions républicaines a découvert son *image fidèle...* reflétée dans les flots de la Néva, du Wolga, de l'Oural... et il n'est pas jusqu'au Saint-Père lui-même qui, n'était le *non possumus* romain, ne serait passé à l'orthodoxie... en présence *de l'éloquente argumentation...* de l'envoyé *de la tête de l'Église schismatique,* le baron Meyendorff.

C'est là cet « *intérêt national de la Russie* », qui, à son tour, a permis à M. de Beust de voir clair dans les sourdes menées de la fraction ruthène arriérée en Gallicie ; il lui a fourni l'occasion de lutter contre les tendances séparatrices de la Bohême et d'établir l'état de siége dans le royaume de saint Wenceslas ; c'est là enfin ce qui lui a procuré le *plaisir indicible* de s'enthousiasmer à distance pour la fameuse exposition ethnographique de Moscou, en vue de laquelle il a signé bon nombre de passe-ports aux *représentants de l'Autriche !...*

C'est en présence de ce même « *intérêt national de la Russie* » que le chancelier de la monarchie autrichienne, en rappelant sous les armes 800,000 soldats, a inséré dans le *livre rouge*, à la date du 30 octobre 1868, ces mots significatifs :

—   … « J'ai fait ressortir de plus *que les agitations di-*
« *rigées contre nos institutions constitutionnelles*
« *se trouvaient alimentées par des influences*
« *étrangères spéculant sur la décomposition de la*
« *monarchie,* et que, pour leur retirer *cet appui,* il
« n'y avait pas de moyen plus efficace *qu'une ma-*
« *nifestation énergique* des deux parlements fai-
« sant connaître leur volonté *de maintenir intact*
« *l'Empire.* »

Il n'y a là, comme nous le voyons, rien que de très-naturel et de très-peu nouveau ; la Russie, ayant adopté « *son intérêt national comme unique mesure* », travaille avec ardeur à pénétrer dans l'Inde, à renverser la Turquie et le trône des Habsbourgs ; les clefs du Saint Sépulcre, la basilique de Sainte-Sophie, le détroit du Sund et les Dardanelles empêchent la Russie de dormir.

Qui pourrait s'étonner de ces choses? C'est l'ancien programme des czars moscovites, *légué en testament* par Pierre le Grand à ses successeurs *et tracé par le doigt de* Catherine II sur la carte d'Europe.

Ainsi donc, quand la Turquie proteste ; quand les puissances occidentales ne perdent pas de vue la mer Noire et le Danube ; quand l'Autriche, cherchant des moyens de défense, tire le dernier *gulden* de la poche de ses fidèles sujets, pour réunir sous les drapeaux une armée de 800,000 hommes; tout cela n'a rien que de très-naturel et de très-facile à justifier. Mais ce qui *n'est pas naturel du tout,* ce qui a besoin de justification, c'est ce passage de la circulaire diplomatique, datée du 30 octobre 1868, que le comte de Beust envoya à ses agents à l'étranger, et dont nous donnons le texte fidèlement extrait du *livre rouge* :

> « On m'a fait dire que nos relations avec la « Russie, bien que convenables, *étaient restées un* « *peu froides*. En vérité, j'ai rappelé *qu'à mon* « *entrée au ministère, je m'étais efforcé de renouer* « *avec la Russie* des rapports *plus intimes* que « ceux qui existaient alors. *J'avais suggéré dans ce* « *but la révision de certaines stipulations du* « *traité de Paris de* 1856.
>
> « Si, malgré *cette démonstration* et mon atti-« tude *conciliante*, nos relations avec la Russie « n'étaient pas aussi *empreintes de cordialité* que « je l'aurais voulu, *il fallait en chercher la cause* « *dans des circonstances indépendantes de ma vo-* « *lonté*. »

Si la politique *provocatrice* de la Prusse envers la France, si « *les fautes commises* » par le comte de Bismark *ont armé la France ;* si, d'autre part, « *la pensée de compensation* » sur le Rhin « *qu'avait eue* » M. Drouyn de Lhuys, et « *les fautes* », les *indiscrétions* des ministres français ont fourni des millions de thalers au trésor entièrement vide du baron Heydt, qui ne reconnaîtra que « *la pensée qu'avait eue* » M. de Beust à son tour de

> — « ... *suggérer la révision* de certaines stipulations

> — « *du traité de Paris* de 1856, pour renouer avec
> « la Russie *des rapports plus intimes,* »

ressemble, du moins en apparence, à une *faute commise* par le chancelier autrichien ?

L'Autriche *magyaro-slave*, l'Autriche dégagée de ses préoccupations italiennes et germaniques, l'Autriche concentrant ses forces dans l'est de l'Europe, peut-elle jamais (et dans quel but?) être dans des « *rapports plus intimes avec la Russie* » ?

Le prince Gortschakoff « *intrigue* » en Gallicie, « *agite* » en Bohême, sape le trône des Habsbourgs au nom de l'idée panslaviste, organise à Moscou une exposition *ethnographique universelle,* et Alexandre II salue en ces termes, à Saint-Pétersbourg, les sujets de François-Joseph venus à cette « *fête de famille...* »

> — « Je vous souhaite la bienvenue, *mes frères de la*
> « *même mère sur cette terre slave!* J'espère que
> « vous serez satisfaits de l'accueil que l'on vous
> « fait ici et que l'on vous fera à Moscou.
> « *Au revoir!...* »

La Russie est donc en lutte tantôt ouverte, tantôt cachée avec l'Autriche ; *elle provoque* et tient en échec sur tous les points la monarchie des Habsbourgs. En présence de ces faits, le comte de Beust pourrait sembler de la dernière inconséquence, lorsque, *dans un même document* diplomatique, il proclame la nécessité d'armements, à cause...

— « … des *agitations dirigées contre l'Autriche* qui se
« trouvaient alimentées *par des influences étran-*
« *gères spéculant sur la décomposition de la mo-*
« *narchie,* »

et que plus bas il déclare que lui-même

— « … *a suggéré la révision du traité de Paris de*
1856. »

L'Autriche disputant à la Russie la palme de
l'hégémonie parmi les Slaves, repoussée de l'Italie
et de l'Allemagne, on voulait la sauver en déchirant le traité de Paris ! Le comte de Beust ne savait-il pas que ce traité était le seul frein, le seul
mors rivé à la mâchoire de la Russie envahis-
sante, le seul fruit de la sanglante guerre de Crimée, l'unique rempart de la Turquie et de l'Autriche ? Mais ce traité, tout dans l'intérêt de
l'Occident, dans l'intérêt de l'Autriche, n'a-t-il pas
coûté à l'Europe des milliers de victimes et des
monceaux d'or ? Déchirer le traité de Paris ! N'est-
ce pas là une étrange *proposition* dans la bouche
du comte de Beust ?

Nous reconnaissons que ces débuts du ministre de Saxe comme chancelier autrichien ont tout
l'air de « *fautes commises* » par lui ; mais ils n'en
ont que l'air, nous l'affirmons hautement et nous
allons le prouver tout à l'heure.

Après la signature du traité de Prague, Napoléon III (qui n'avait pas besoin et en outre ne

pouvait armer *plus tôt* la France) (1) se trouva enfin dans la possibilité et jugea le « *moment venu* » de préparer l'empire à un grand mouvement....

Dans quelle vue et *contre qui* le peuple français devait-il prendre les armes? — A cet égard, la fameuse circulaire du ministre actuel des affaires étrangères, à la date du 16 septembre 1866, ne laisse pas le moindre doute.

Nous en citons quelques passages :

— « La France ne saurait avoir une politique équi-« voque !

« Dans le passé que voyons-nous ?

« L'Autriche était *trop préoccupée de conserver* « *ses possessions en Italie pour pouvoir s'entendre* « *intimement avec nous.* La Prusse n'était *ni assez* « *compacte ni assez indépendante pour se déta-* « *cher de ses traditions...*

« Si maintenant nous examinons l'avenir de « l'Europe transformée, quelles *garanties* présente- « t-il à la France? La coalition des trois cours du « Nord contre nous est brisée. — Le principe *nou-* « *veau qui régit l'Europe est la liberté des al-* « *liances.*

« L'Autriche *dégagée* de ses préoccupations ita- « liennes et germaniques, *n'usant plus ses forces* « *dans des rivalités stériles,* mais les concentrant « *à l'est de l'Europe,* — représente une puissance

---

(1) Dans les livraisons suivantes de notre publication, nous ex= pliquerons cette assertion.

« de 35,000,000 d'âmes qu'aucune hostilité, au-
« cun intérêt *ne sépare* de la France.

« La Prusse agrandie, *libre désormais de toute*
« *solidarité, assure l'indépendance de l'Allemagne.*
« La France *n'en doit prendre aucun ombrage ;*
« fière de son *admirable unité,* de sa nationalité
« indestructible, elle *ne saurait combattre ou re-*
« *gretter l'œuvre d'assimilation* qui vient de s'ac-
« complir. *L'Allemagne, en imitant la France,*
« fait un pas *qui la rapproche et non qui l'éloigne*
« *de nous.*

« La politique doit s'élever au-dessus *des préju-*
« *gés étroits et mesquins* d'un autre âge. L'Empe-
« reur *ne croit pas* que la grandeur d'un pays dé-
« pende *de l'affaiblissement des peuples qui l'en-*
« *tourent* et ne voit de *véritable* équilibre que
« *dans les vœux satisfaits des nations de l'Eu-*
« *rope.* En cela il obéit à des convictions *ancien-*
« *nes* et aux traditions de sa race. Napoléon Ier
« *avait prévu les changements qui s'opèrent au-*
« *jourd'hui.*

« Tandis que *les anciennes populations du con-*
« *tinent,* dans leurs territoires restreints, ne s'ac-
« croissent qu'avec une certaine lenteur, LA RUSSIE
« et la République des États-Unis d'Amérique
« peuvent, avant un siècle, compter chacune cent
« millions d'hommes.

« Quoique *les progrès de ces deux grands Em-*
« *pires* ne soient pas pour nous un sujet d'inquié-
« tude, *il est de l'intérêt prévoyant des nations*
« *du centre européen de ne point rester morcelées*

— « *en tant d'États divers sans force et sans esprit*
« *public.*

. . . .

« ... *Les résultats* de la dernière guerre *nous indi-*
« *quent la nécessité* de perfectionner sans délai
« *notre organisation militaire.* — La nation ne
« manquera pas à ce devoir..... »

Arrêtons-nous sur ce document si important, qui n'est autre chose que le *programme politique* du ministre qui dirige actuellement l'action de la France.

Nous demandons d'abord si l'on voit ici la moindre *menace* de la France contre la Prusse ou de la Prusse contre la France. Ne nous a-t-on pas montré, au contraire, jusqu'à l'évidence, qu'à Prague Napoléon III, en même temps que le « *prévoyant* » M. de Bismark,..

— « ... *en présence des progrès de la Russie* qui, avant
« un siècle, comptera cent millions d'hommes,
« *agglomérait,* en 1866, *ces États divers sans*
« *force et sans esprit public?* »

Que signifient les paroles suivantes :

— « La Prusse qui, avant 1866, *n'était ni assez*
« *compacte, ni assez indépendante pour se déta-*
« *cher de ses traditions...* (!) *libre désormais de*
« *toute solidarité?...* »

Ne voit-on pas clairement exprimée dans ces paroles l'isolement, « *l'immobilisation* » de la Russie?

Et le passage suivant :

   « La Prusse *assure l'indépendance de l'Alle-*
  « *magne!*... »

n'est-il pas éloquent? Y trouvons-nous la moindre
mention *de la ligne du Mein?*...

N'est-ce pas là de la part du gouvernement
français *un aveu solennel* et concluant que, *le jour
où parut cette circulaire,* c'est-à-dire le 16 septembre
1866, Napoléon III *connaissait l'existence,* le texte,
le sens, l'esprit de ces *conventions militaires* soi-disant
« *secrètes* », conclues par M. de Bismark avec les
cours de l'Allemagne du Sud? Ce fait n'est-il pas
encore confirmé par le passage suivant :

  — « ... La Prusse *assure l'indépendance de l'Allema-*
  « *gne ;* la France *n'en doit prendre* aucun om-
  « brage; fière *de son admirable unité,* elle ne sau-
  « rait combattre ou regretter l'œuvre d'*assimila-*
  « *tion,* qui vient de s'accomplir. L'Allemagne, *en*
  « *imitant la France,* fait un pas... qui la *rappro-*
  « *che et non qui l'éloigne de nous.* »

Ainsi donc c'est « *l'Allemagne* », *non pas la* **Prusse,**
non pas je ne sais quelle Confédération du Nord,
c'est « *l'Allemagne* » *tout entière* des deux côtés du
Mein, qui, « *imitant la France fière de son admirable
unité* », *s'unit à son tour,* et par là « *fait un pas qui la
rapproche* » de la France.

Ces paroles ont-elles besoin de commentaires?
N'est-ce pas une preuve bien claire de ce fait qu'en
1866, au traité de Prague, on a jeté les fondements

éternels non pas de la Confédération germanique
du Nord, — cette tour de Babel qui engloutit des
provinces polonaises et scandinaves, *mais d'un empire d'Allemagne* qui, s'étendant du nord au midi,
finirait bientôt par « *unir* » toute la Germanie, en
donnant en même temps le signal d'un *complet remaniement* de la carte de l'Europe ?

La circulaire du 16 septembre 1866 ne prouve-
t-elle pas avec une autorité incontestable que ces
conventions militaires « *secrètes* », que l'on *reproche*
à M. de Bismark comme une trahison envers la
France et un acte d'ingratitude envers son monarque, n'étaient en somme qu'un *passe-port français*...
signé à Prague, *autorisant* le ministre prussien à
passer la ligne du Mein, ce moderne Rubicon...
dans « l'*intérêt commun* » de l'Allemagne, de la
France et de l'Europe ?

La circulaire du 16 septembre 1866 n'est donc
que la suite des immortelles paroles de Napoléon III
du 5 novembre 1863 ; cette circulaire nous montre
que l'illustre rejeton des BONAPARTES, *l'élu du peuple,*

> — « ... *s'élevant au-dessus des préjugés étroits et mes-
> « quins... obéissant à des convictions anciennes et
> « aux traditions de sa race* »,

s'avance d'un pas fier et assuré à la tête des *nations
civilisées* et hâte la venue de l'heure solennelle où
la France, présentant une main amie « *aux peuples
qui l'entourent* » et « *satisfaisant leurs vœux* » ; annon-

cera à des millions d'hommes opprimés, écrasés,
et tendant leurs mains vers elle comme du fond
de l'abîme...

 — « ... *que le moment est venu!... de reconstituer sur*
 « *de nouvelles bases l'édifice* miné par le temps et
 « détruit pièce à pièce par les révolutions! »

Oui, c'est pour hâter la venue de ce « *moment* »
grandiose, *cette heure du jugement et de la justice,*
que l'empereur Napoléon, qui force chaque jour
l'Europe à faire un pas de ce côté, a ordonné, le
16 septembre 1866, de *préparer* et d'armer la
France.

La circulaire du marquis de la Valette est donc
l'avant-coureur d'un nouveau « *rappel* », qui ne tar-
dera pas à paraître et par lequel l'auguste neveu
du grand martyr de Sainte-Hélène, tenant les promesses qu'il a faites aux peuples, réunira les
« *grands États éclairés* » sous le glorieux étendard
de la France, pour *la lutte suprême* contre la Russie, au nom de la nationalité, du progrès et de la
civilisation !

Une guerre entre la France et l'Allemagne serait désastreuse pour les intérêts de l'Europe.
Heureusement, cette guerre est impossible par
la simple raison que la Russie seule en profiterait
pour s'emparer des Dardanelles.

Qu'un coup de canon soit tiré sur le Rhin, les
Cosaques sont maîtres de Constantinople et l'Occi=

dent se verrait dicter des lois par ces barbares ; la France et l'Allemagne, épuisées par la lutte, seraient forcées de s'incliner devant la toute-puissance du *knout !...* La Russie, nous le voyons, impose aux cabinets de Berlin et des Tuileries la nécessité « *de vivre en paix* » et de ne songer qu'à leur *ennemi commun,* — à l'ambitieux empire des czars ! C'est là une vérité, un axiome qui n'a pas besoin de démonstration.

Quant à ceux qui, au nom de la *dignité* et de l'*honneur* de la France, regarderaient une lutte sur le Rhin comme une triste nécessité, — comme indispensable, nous leur rappellerons seulement les circonstances suivantes :

Le 13 juillet 1863, à Tsarskoié-Siolo, le duc de Montebello, en acceptant « *l'insulte* » de la Russie, c'est-à-dire cette fameuse réponse du prince Gortschakoff dans la question polonaise, *en prévoyait,* paraît-il, le sens et l'esprit, puisqu'il était *préparé à un affront...*

Ce qui prouve mieux que toute autre chose que l'ambassadeur français avait les *instructions* qui *l'autorisaient* à subir cet affront, c'est que, sans longue réflexion, sans demander ni *attendre de nouveaux ordres* de Paris, il déclara, en touchant la note moscovite, immédiatement, *stante pede,* dans le cabinet du vice-chancelier russe, en présence de lord Napier, qu'au nom de la France et de son monarque, il recevait ce procédé de la part de la Russie

> — « ... comme une ouverture ɪɴsᴜʟᴛᴀɴᴛᴇ tendant à
> « une *rupture positive et immédiate* »!

Le duc de Montebello, dans une note officielle *et rendue publique,* instruisit Napoléon III, *gardien naturel de l'honneur de* quarante millions de Français, de cette « *insulte* » faite et *acceptée !*

Le duc de Montebello ne fut pas *rappelé* de Saint-Pétersbourg et continua à y représenter l'Empereur, pour être témoin de la revue solennelle passée par Alexandre II en souvenir de la prise de Paris; pour être témoin de l'inauguration du monument en marbre érigé à la gloire du courageux et intrépide prince Gortschakoff; pour entendre prononcer en public les discours blessants du chancelier moscovite qui, « *avec des sentiments de fierté patriotique* », crut devoir s'exprimer en ces termes :

> — « La Russie est calme, majestueuse, puissante !
> « l'Europe nous regardait *à travers un nuage*
> « *trompeur*, et n'apercevait pas *ce que nous som-*
> « *mes réellement !...*
> « Nous avons soufflé... sur ce nuage... qui obs-
> « curcissait *notre grandeur* (!), et il s'est éva-
> « noui (1)!.... »

---

(1) Le prince Gortschakoff a oublié que c'est précisément pour dissiper « *un nuage trompeur* », pour montrer au monde la Rus-

Eh bien, à ceux qui comptent sur leurs doigts les « *fautes commises* » par le gouvernement français, en basant leurs critiques sur l'éventualité d'une guerre contre la Prusse, à ceux qui croient la France blessée dans sa dignité nationale par les victoires et conquêtes de Guillaume Ier, nous rappelons que Napoléon III, le 7 novembre 1852, en acceptant à Saint-Cloud la couronne impériale des mains du peuple français, s'adressa en ces termes, du haut des marches du trône, aux représentants de la nation :

> — « RECEVEZ ICI LE SERMENT que rien ne me coû« tera pour assurer la prospérité de la patrie, et que, « tout en maintenant la paix, JE NE CÉDERAI RIEN « DE TOUT CE QUI TOUCHE A L'HONNEUR ET A LA DI-« GNITÉ DE LA FRANCE ! »

Or, nous le demandons, est-ce sur les bords de la Sprée ou sur ceux de la Néva, qu'on avait « *touché à l'honneur et à la dignité de la France* (1) » ?

---

sie « *dans toute sa grandeur...* », pour découvrir ce que les Russes « *sont réellement...* », en un mot, pour avoir « *l'immense avantage d'avoir signalé à l'Europe où est le danger* », que Napoléon III a prononcé son fameux discours du 5 novembre 1863.

Grâce à cet expédient de génie, « *le nuage s'est évanoui* » !... en laissant à nu la Russie et ses « *secrets projets qui redoutent le grand jour* » !

Le prince Gortschakoff peut être tranquille, — maintenant on *l'apprécie... on lui rendra justice !...*

(1) Berlin, 13 février 1869. — Le comte de Bismark a prononcé un nouveau discours dans la chambre des seigneurs. Il a dit que les ressources de l'ancien Électeur de Hesse sont employées à en-

Qui ne voit maintenant que le marquis de la Valette, dans sa circulaire du 16 septembre 1866, n'a fait que *relever en face de l'Europe le gant jeté à la France, le* 13 *juillet* 1863, par le prince Gortschakoff?

On nous objectera peut-être que M. de la Valette, immédiatement après cette démarche, fut forcé de déposer son portefeuille de ministre.

Rien de plus naturel : le marquis de la Valette, ayant *relevé le défi* de la Russie, céda sa place à ceux qui devaient *veiller à la tranquillité et à la sûreté* de l'Empire *qui s'armait,* et aujourd'hui le marquis de Moustier a remis la France, *munie d'un million de baïonnettes,* entre les mains de celui qui *avait accepté le défi* du prince Gortschakoff et qui bientôt *acceptera la lutte* !

Mais, si nous voyons aujourd'hui l'Empire français sur le pied de guerre et en état de faire face *« à toutes les éventualités »,* gardons-nous d'oublier qu'en 1866 il était encore faible, comparé aux autres puissances.

La Russie, plongée dans les sanglantes orgies auxquelles elle se livrait en Pologne, vit

---

tretenir une agitation spéciale tendant à faire croire aux Français qu'ils sont menacés par l'Allemagne, et aux Allemands qu'ils sont menacés par la France, *tandis que les deux pays ne demandent qu'à vivre en paix, n'ayant entre eux aucune question qui les divise.* (*Agence Havas-Bullier.*)

soudain, au milieu de ses festins de Balthazar, briller en lettres de feu la circulaire du 16 septembre 1866 ; elle releva la tête et lança sur l'Occident un regard effrayé...

Les résultats de la dernière guerre, les relations *suspectes* du comte de Bismark avec la France, la part prise par cette dernière aux négociations de Prague, et puis *cette carte blanche* donnée par l'empereur Napoléon à la Prusse pour agir en Allemagne avec le droit de détrôner les monarques de second ordre, — en vérité, il y avait là autant de symptômes fâcheux pour la sûreté du prince Gortschakoff. Aussi les relations entre Berlin et Saint-Pétersbourg se refroidirent–elles subitement ; les organes moscovites officiels avaient peine à retenir leur colère et leur indignation qui éclataient malgré eux, — et le tout-puissant M. Katkow donna dans toute la presse *indépendante* (?) le signal d'une véritable croisade contre l'Allemagne ingrate et parjure, contre l'Allemagne « *coupable de trahison envers la Russie !...* »

L'Europe, après les sanglants événements de 1866, avait, coûte que coûte, besoin de repos et de calme. L'Autriche et l'Italie sortaient, avec un succès inégal, d'une guerre également coûteuse ; la Prusse était occupée à constituer la Confédération du Nord et à y incorporer les provinces nouvellement conquises ; enfin la France était désarmée et demandait au moins deux ans pour faire face aux complications extérieures.

Seule, la Russie était prête; car, depuis l'insurrection de la Pologne et l'intervention diplomatique, elle n'avait pas cessé d'armer et de faire tous les préparatifs qui étaient en son pouvoir.

C'est dans cette situation que le marquis de la Valette déposa le portefeuille de ministre et que l'empereur Napoléon se mit tout entier à préparer « *l'œuvre de la paix* », l'exposition universelle.

Un calme profond descendit sur toute l'Europe, et alors commença cette période curieuse, originale, inouïe dans l'histoire, *de la politique des mystifications* qu'on pourrait bien surnommer : *la période des « fautes commises »* !

L'affaire des compensations territoriales sur le Rhin promises, dit-on, puis refusées à la France; l'affaire de la révision du traité de Paris de 1856, l'affaire de l'annexion de l'île de Crète au royaume hellénique et enfin la fameuse affaire du Luxembourg, présentent, selon nous, le caractère d'une *intrigue embrouillée à dessein* et supérieurement ourdie.

Ce sont autant de scènes d'une comédie grandiose, où la foule, les masses, les nations, acceptant un rôle actif *sans le savoir*, ont été employées (dans leur intérêt, nous l'avouons) comme des instruments et des ressorts aveugles pour atteindre des buts marqués à l'avance par un aréopage peu nombreux.

Nous avons déjà montré quels précieux résultats avait eus pour le cabinet de Berlin l'affaire des prétendues compensations sur le Rhin. Le principe, l'origine de cette question, sont enveloppés du plus profond mystère !... Des *indiscrétions* inexplicables, *des secrets d'État* dévoilés par des membres *du conseil privé* de l'empereur des Français, une correspondance de Napoléon III envoyée de Berlin à un... journal anglais, et provenant d'une « *source authentique* »...! N'y a-t-il pas là la matière d'un roman fantastique?

Et c'est pourtant grâce à ces mystifications, à cette fantasmagorie, que M. de Bismark a triomphé de maintes difficultés dans l'organisation de la Confédération du Nord, fermé la bouche dans mainte discussion parlementaire à l'opposition de Berlin et fait sanctionner maint projet de loi sans rencontrer de résistance... C'est grâce à ces artifices que le baron de Heydt a pu emporter d'assaut sans discussion... soixante millions de thalers !

Sur un *terrain ainsi préparé*, — au milieu de haines internationales attisées à dessein, de soupçons excités, de sentiments patriotiques profondément blessés... on fit entrer en scène — l'affaire du Luxembourg.

Le principe, l'origine de ce nouveau conflit, également obscurs, viennent, dit-on, du roi de Hollande.

De quoi s'agissait-il pour les deux parties ? Quel était l'enjeu, quelle était l'importance actuelle ou future de cette pomme de discorde qui faillit, à ce qu'on nous assure (sans que nous en croyions un mot), devenir la cause d'une lutte sanglante sur le Rhin ? Quelle était *la valeur de ces droits* et de ces mutuelles prétentions, qui, pour plaider leur cause, crurent que ce n'était pas trop d'un tribunal européen ?

Le comte de Bismark en personne voudra bien nous l'apprendre ; voici ses propres paroles, en réponse à l'interpellation du député M. Bebel, prononcées au parlement le 24 septembre 1867 :

— « Le préopinant dit que nous aurions dû précipi-
« ter la nation allemande dans une guerre pour un
« droit de garnison *que nous ne pouvions préten-*
« *dre incontestable, — je le constate ici.*

« Ah ! si nous avions pu le considérer comme
« *indubitable*, la question était toute différente.
« Nous aurions pu alors *défendre un droit !* Mais
« ce droit *était éteint et nous n'avions pas plus de*
« *droit* à maintenir nos troupes à Luxembourg,
« contre la volonté exprimée du souverain, *que*
« *nous n'en aurions pour occuper Rastadt* contre
« la volonté du grand-duc de Bade, *et Mayence, si*
« *nous n'avions pas un nouveau traité à ce sujet*
« avec le grand-duc de Hesse. C'est pour cette rai-
« son que nous avons évité de pousser cette affaire
« à l'extrême, puisque, dans la question du Luxem-

— « bourg, *on ne contestait aucun droit indubitable*
« et qu'au contraire *le droit,* auquel nous avons
« renoncé, *était un droit caduc !* »

Nous ferons remarquer en passant jusqu'où
M. de Bismark pousse ici la *franchise :* en traitant
la question du Luxembourg, *il avoue volontairement,*
et sans qu'on le lui demande, que la Prusse n'a-
vait pas le droit de tenir garnison *à Mayence et à
Rastadt ;* qu'elle a perdu ce droit en 1866 par suite
du nouvel ordre de choses, et il ajoute qu'elle n'a re-
conquis ce droit dans la suite qu'en vertu de ces
« *conventions secrètes* » qui, comme nous l'avons
montré, anéantissent le traité de Prague !

Il faut donc que M. de Bismark soit *bien certain,*
bien convaincu (et sur quoi fonde-t-il cette conviction ?) que le traité de Prague *ne sera jamais vérifié,*
que l'Europe *n'exigera jamais* une exécution cons-
ciencieuse de la part de la Prusse des stipulations
signées à Prague, *puisqu'il rattache le droit* de tenir
une garnison prussienne dans les places de
Mayence et Rastadt aux « *conventions secrètes* », qui
sont aussi *incompatibles* avec le traité de Prague
que le jour avec la nuit ou le feu avec l'eau.

Quoi qu'il en soit, M. de Bismark *a reconnu,* le
24 septembre 1867, que le droit de la Prusse à tenir
garnison dans Luxembourg...

— « ... *était éteint.... que la Prusse n'avait plus de*
« *droit.... que la France ne contestait aucun droit*

— « *indubitable*, enfin *que ce droit était un droit*
« *caduc.* »

Si telle était la manière de voir du ministre
prussien sur « *le droit caduc* » de la Prusse, nous demandons pourquoi et dans quel but on avait *inventé* l'affaire du Luxembourg? Pourquoi cette
question fut-elle tirée au grand jour des profondeurs des cabinets et des sentiers habituels de la
diplomatie, pour plonger l'Europe dans l'inquiétude, dans l'effroi, dans l'attente continuelle d'une
guerre sanglante sur le Rhin? Pourquoi le comte
de Bismark, qui, le 24 septembre 1867, proclame
du haut de la tribune son opinion sur « *le droit
caduc* » de la Prusse, n'avait-il pas fait *plus tôt* cette
déclaration? Ignorait-il donc à quel degré ce débat international avait passionné et irrité les esprits des deux côtés du Rhin? Ne comprenait-il
donc pas qu'après les événements de 1866, qu'a-
près cette nouvelle partout répandue *de compensations territoriales refusées* à la France, Napoléon III,
ayant pour lui le bon droit, ne pouvait pas reculer,
ne reculerait pas dans la question du Luxembourg? N'était-il pas enfin *de l'intérêt même* de la
Prusse de terminer le débat *à l'amiable*, en traitant simplement avec le cabinet des Tuileries? Que
pouvait gagner la Prusse à la convocation de la
conférence de Londres, devant laquelle elle allait
se présenter avec «*son droit éteint et caduc*», assu-

rée d'avance de se voir évincer, — et, qui plus est, honteusement expulser de Luxembourg sur l'ordre exprès de l'Europe?

Après les explications données plus haut, comment justifier, dans cette affaire, la conduite du cabinet de Berlin? Le député prussien M. Bebel n'avait-il pas le droit, en marchant sur les traces de l'honorable M. Thiers, de crier à son tour aux ministres de Guillaume Ier :

« *Il n'y a plus une seule faute à commettre !...* »

Si M. de Bismark, avant le débat sur le Luxembourg, avait *confidentiellement* averti la France de ce qu'il devait six mois plus tard apprendre publiquement du haut de la tribune, au député Bebel et à l'Europe entière, — il est clair que nous n'eussions pas été témoins de l'affaire du Luxembourg! Sans doute, mais alors il n'y aurait eu des deux côtés du Rhin ni tumulte guerrier, ni panique universelle, ni trouble général, ni bruits sans cesse renaissants sur les préparatifs et les intentions hostiles de la France; il n'y aurait pas eu de *prétexte pour effrayer* l'Allemagne des prétentions de Napoléon III à des compensations imaginaires; et par suite on aurait vu s'éteindre la flamme *soigneusement avivée* des haines internationales, des défis mutuels, des provocations passionnées; bref, *la paix se serait établie en Europe.*

Or c'est là justement ce qu'on craignait; car

cette paix européenne, si prônée en apparence, n'était pas encore *pour l'instant* la mission et le but des puissants de ce monde.

Comment? va-t-on nous dire : est-ce que les têtes couronnées et leurs ministres, est-ce que le comte de Bismark, *par exemple,* peuvent être soupçonnés de vouloir *à dessein troubler la tranquillité publique?*

Et pourquoi non?

Supposons que, le 25 septembre 1866, toute rivalité ait disparu comme par enchantement entre la France et la Prusse et que les bonnes relations de voisin à voisin aient amené l'harmonie et la concorde; dans ce cas, avouons que le baron de Heydt aurait été mal venu, à la séance du parlement, *de se poser en Bayard;* et, s'avisant de mettre une main « *sur la poignée de l'épée* », et l'autre « *sur sa bourse* » (encore vide), il aurait ressemblé à don Quichotte *se battant contre des moulins à vent !* Tandis qu'au contraire ce même ministre, avec le même geste et la même diction (si nous ramenons la *probabilité* d'une guerre prochaine, possible de la Prusse avec la France), *excite l'enthousiasme,* éveille les sentiments patriotiques *et délie les cordons de la bourse* des représentants de la nation allemande jusqu'à la somme raisonnable de 60 millions de thalers.

Ainsi donc nous ne voyons pas ce que le trésor

prussien aurait pu gagner à l'établissement complet de la paix européenne, et nous voyons très-bien *ce qu'il a gagné aux bruits de guerre répandus à dessein.*

On nous dira que le baron de Heydt, *une fois son but atteint*, ayant la main gauche « *appuyée sur sa bourse remplie* », n'avait plus désormais aucun intérêt à mettre la main droite « *sur la poignée de son épée* » pour provoquer la France.

Cela est vrai ; mais ce qui n'est pas moins vrai, c'est qu'à son tour M. de Bismark *avait absolument besoin* de cette lutte bruyante sur le papier contre le gouvernement français (1).

Pour appuyer et confirmer cette assertion, nous avons plus d'une preuve sous la main ; mais, comme nous ne voulons pas, *dans notre respect* pour M. de Bismark, *jouer à son égard le rôle d'accusateur*, nous invoquons l'autorité de la presse officielle russe, qui, *en pareille matière*, ne saurait être accusée de partialité ou de mauvaise foi.

La *Gazette officielle de Moscou*, dans son bulletin du 12 mai 1867, en constatant *avec joie* que, depuis l'heureuse solution donnée à la question du Luxembourg, aucun péril ne menaçait plus la

---

(1) Nous rappelons que les ministres de Napoléon III, chargés d'armer la France, trouvèrent aussi leur compte dans ce débat du Luxembourg : il *facilita* leur tàche, *ferma la bouche* à l'opposition et fournit à M. Rouher l'occasion *de se justifier* à la chambre de 153 millions *illégalement dépensés* pour des préparatifs de guerre imprévus et pressés.

tranquillité de l'Europe, terminait ainsi son compte rendu politique :

— « En dépit de *ces espérances de paix* qui nous
« semblent *fondées*, l'organe *ministériel* de M. de
« Bismark, la *Norddeutsche Allgemeine Zeitung,*
« voit dans les armements incessants du gouver-
« nement français une raison *de ne pas se laisser*
« *aller avec excès à ces douces espérances.* D'après
« les nouvelles puisées par ce journal *à différentes*
« *sources toutes dignes de foi,* les cent mille hom-
« mes du camp de Châlons vont recevoir des mu-
« nitions de guerre ; l'administration du chemin
« de fer français de l'Est a déjà reçu l'ordre de se
« préparer *à transporter le* 12 *de ce mois deux ar-*
« *mées* campées, dit-on, à Metz et à Châlons !...

« Le ministère de la guerre a déjà fixé une
« somme d'argent *pour l'achat de quinze mille*
« *chevaux,* et les achats de froment pour les be-
« soins de l'armée ne cessent pas un instant. On
« organise à Belfort un camp retranché, on fait en
« Bretagne une *levée considérable pour la marine.*
« Le transport de la poudre et des munitions, le
« *mouvement des armées vers la frontière de l'Est,*
« où l'on arme les places fortes *en toute hâte,* con-
« tinuent toujours. — L'organe *du ministère prus-*
« *sien cite encore beaucoup d'autres détails très-*
« *curieux sur ce même sujet.*

« *Une si soigneuse énumération des armements*
« *de la France, en présence d'espérances de paix*
« *qui paraissent fondées, indique de la part de*
« *l'organe de M. de Bismark une tendance se-*
« *crète !...* »

Voilà en propres termes l'opinion de la presse *officielle russe* sur la presse *officielle prussienne*. — Nous notons donc, à l'exemple du journal russe, « *cette tendance secrète* » dans la politique du cabinet de Berlin, « *cette tendance secrète* » de M. de Bismark, qui « *en dépit d'espérances de paix qui paraissent fondées* » et malgré la solution diplomatique du conflit du Luxembourg, ne cesse pas un instant, comme nous le voyons, *de s'escrimer contre...* *la tranquillité de l'Europe* !

Le ministre prussien (comme le montre la *Gazette russe*) fait marcher l'armée française *dans son imagination et sur le papier ;* il concentre les corps d'armée, transporte les munitions et les projectiles, met les chemins de fer en mouvement, élève des camps retranchés ; — bref, dans les colonnes de son journal, il conduit déjà la France *à la lutte sur le Rhin* sous les drapeaux de Napoléon III !

Il est vrai que cette guerre *sur le papier de l'organe du ministère* ne coûte pas un thaler à M. de Bismark ; le gouvernement prussien, menacé de ce cataclysme suspendu au-dessus de la Germanie comme l'épée de Damoclès, ne fait pas *de son côté le moindre préparatif,* — le moindre mouvement militaire (quelle différence avec 1866 !). On se contente de dire à Berlin : « *La Prusse a déjà prouvé qu'elle est toujours prête à la lutte,* » et on laisse entendre discrètement... que M. de Bismark *arme aussi, mais sous main!...*

Eh bien, nous dira-t-on, quel est le motif de cette *mystification?*

Le motif est bien simple :

La Russie, sérieusement inquiète, après le traité de Prague, de l'attitude *énigmatique et équivoque* de la Prusse, qui, dédaignant des relations d'amitié plus que séculaires, s'était laissé combler de bienfaits et protéger ouvertement par Napoléon III ; la Russie, à la vue de cette Prusse agrandie avec l'aide de la France...

> — « ... détachée de ses traditions, libre désormais de « toute solidarité... »,

délivrée à tout jamais du *protectorat* de Saint-Pétersbourg ; la Russie s'aperçut avec effroi de son *isolement* en Europe et se mit à regarder autour d'elle et à compter ses forces!...

Dans l'intérêt de la France, dans celui de la Prusse, de l'Autriche et de l'Italie, il fallait cette fois encore endormir par degrés et *magnétiser* le prince Gortschakoff!

Aussi l'on vit bientôt à l'horizon politique des nuages s'amonceler au-dessus du Rhin... L'affaire des compensations territoriales *refusées* à Napoléon III, l'entrevue de Salzbourg, la question du Luxembourg, les négociations relatives à l'an=

nexion de l'île de Crète au royaume hellénique; le projet de la révision du traité de Paris de 1856, voilà autant *de doses d'opium* administrées à la Russie !...

D'abord ces *médicaments* habilement composés n'agirent que lentement : le prince Gortschakoff ne fermait pas encore les yeux; le spectre de Prague et l'image néfaste de M. Benedetti l'empêchaient de dormir... d'autant plus que la vigilante et soupçonneuse presse moscovite, M. Katkoff en tête, flairait dans les escarmouches *guerrières* de M. de Bismark contre la France « *une tendance secrète* »!...

Mais le comte de Bismark ne s'arrêta pas à moitié chemin, et, « *en dépit d'espérances de paix qui paraissaient fondées* », il ne cessa pas un instant de *provoquer* (et selon nous — *d'armer*) la France, dont les ministres (il faut le reconnaître), « *commettant* » à qui mieux mieux des « *fautes* » et des « *indiscrétions* », finirent, non sans peine, par plonger dans un *pesant sommeil* le vénérable vice-chancelièr moscovite.

Et c'était un sommeil délicieux, enchanteur, en un mot le sommeil produit par *l'opium*... qui, de Saint-Pétersbourg, étendit ses ailes bleuâtres sur toute la Russie et berça dans des rêves dorés le gouvernement, la presse et toute la nation, en lui faisant voir, comme dans un kaléidoscope magique, ce panorama ravissant : *la France en lutte avec la Prusse sur les rives du Rhin !*

A ce spectacle grandiose, on eût certes vu Pierre le Grand et la czarine Catherine revivre dans leurs tombeaux !...

Faut-il donc s'étonner qu'après ces doses de nectar... incessamment administrées par Napoléon III, le comte de Bismark et le comte de Beust, la Russie enivrée ait fini par fermer les yeux ?...

Sous l'action de ces *potions narcotiques* et parfumées..., préparées dans les cabinets de Berlin, de Vienne et de Paris, le prince Gortschakoff crut tout de bon qu'au XIXᵉ siècle, à l'heure du triomphe des nationalités, on pouvait d'un seul mot enterrer vive dans les mines de Sibérie toute une nation

> — « ... *héritière d'un droit inscrit dans l'histoire et*
> « *dans les traités ;...* »

qu'il était possible de ranger parmi les *langues mortes* une langue parlée par des millions d'hommes, qui l'ont pour ainsi dire sucée avec le lait de leurs mères. C'est à ces *rêves* maladifs sur la possibilité d'une guerre entre la France et la Prusse que l'Europe doit aujourd'hui de n'avoir plus besoin de « *supposer* » (puisqu'elle les a vus de ses yeux et touchés de ses mains)

> — « ... de secrets projets qui redoutent le grand
> « jour ;... »

enfin c'est à ces trompeuses « *rêveries* » que la Russie devra bientôt aussi *la perte de ses droits* de grande puissance *européenne*, en échange desquels elle acquerra, il est vrai, le droit *non moins précieux* de s'écrier *librement* au pied du trône de ses autocrates :

« *Point de rêveries !..* »

Mais ne perdons pas de vue l'affaire du Luxembourg.

C'est à partir du moment où le comte de Beust fut appelé à Vienne pour y diriger le ministère, que l'alliance franco-autrichienne — *que nous datons* en toute certitude *de la mémorable entrevue des deux empereurs à Villafranca*, commença à se montrer au grand jour.

La faveur, dont le ministre saxon jouissait depuis longtemps auprès de Napoléon III, n'était un mystère pour personne, et comme, grâce « *aux fautes* » de M. de Bismark et à sa politique *provocatrice*, grâce aussi « *aux fautes commises* » par le gouvernement français, une guerre sur le Rhin semblait inévitable, la nomination du comte de Beust au poste de chancelier fut regardée en Europe comme une *démonstration hostile à la Prusse* de la part de l'Autriche.

A la vérité, M. de Beust, en prenant le portefeuille des affaires étrangères, avait solennellement déclaré « *qu'il rompait avec son passé....* »; mais ce passé était trop éclatant relativement à sa modeste position de ministre de Saxe, ses principes dans la question *allemande* étaient trop connus pour qu'on pût croire sans réserve à ce revirement subit (1). Aussi l'élévation du comte de Beust à la dignité de chancelier fut-elle, sur un signe d'en haut, accueillie dans toute la presse prussienne officielle et indépendante, par une suite de manifestations hostiles, de reproches et de malignes insinuations. On voyait dans cette décision de l'Autriche non-seulement une marque de déférence envers la France et d'obéissance aux indications du cabinet de Paris, mais encore une preuve de *prétentions ambitieuses* de la part des Habsbourgs et l'intention de revendiquer les droits qu'ils venaient de perdre en Allemagne. Pour toutes ces raisons, l'opinion publique et la presse officielle prussienne se mirent à commenter méchamment l'ancienne politique allemande du comte de Beust, ses menées toujours si *hostiles* à la Prusse, les démarches qu'il avait faites autrefois pour former les *trois tronçons*, ce troisième groupe indépendant composé des puissances de second ordre; en un mot, on critiqua les principes, les actes, les convictions du chancelier autrichien, pour démontrer

---

(1) Bien entendu M. de Bismark y crut immédiatement; car pour lui le programme *réel* de l'Autriche et du comte de Beust n'était point un secret.

qu'en cas de guerre entre la Prusse et la France (or cette guerre était, disait-on, inévitable), l'Autriche marcherait avec cette dernière puissance, afin de réparer ses pertes de 1866 et de reconquérir sa « *grande position en Allemagne* ».

A ce bruyant *solo* de la presse prussienne, les organes austro-slaves joignirent un harmonieux *accompagnement*. L'éloignement du ministre Belcredi, Tchèque, dont le *système fédératif* avait fait naître des espérances non sans fondement pour la Gallicie et le royaume de saint Wenceslas, et la nomination d'un Allemand à sa place, firent naturellement entonner dans toutes les provinces cisleithanes un douloureux *de profundis*.

Le comte de Beust adopta à l'intérieur le système du dualisme ; en traitant avec la Hongrie, il affectait d'être indifférent aux « *intrigues* » de la Russie en Gallicie et aux « *agitations* » qu'elle pratiquait en Bohême ; en signant les passe-ports des sujets de l'empereur qui se rendaient à l'exposition ethnographique de Moscou, il se gardait bien toutefois de confirmer les légitimes exigences nationales des Tchèques, et même il restreignait avec *ostentation* les concessions faites aux Polonais par ses prédécesseurs.

Néanmoins nous pourrions assurer que le chancelier autrichien n'a pas oublié et qu'un jour il mettra lui-même à exécution les mémorables paroles adressées par François-Joseph, en 1865, à la députation tchèque venue à Vienne :

— « Dites à vos concitoyens que *j'attends avec im-
« patience* le moment où, au milieu de mes fidèles
« *Tchèques*, je pourrai, *dans l'antique cité de Pra-
« gue, ceindre mon front de la couronne de saint*
« *Wenceslas !* »

Il est tout naturel que le mécontentement excité en Prusse, en Gallicie et en Bohême par l'arrivée aux affaires de M. de Beust, ait eu pour contre-coup la joie de la fraction des *centralistes* dans les provinces allemandes de l'empire ; ils y voyaient un symptôme de retour à l'ancien système. Le parti antiprussien en Bavière, à Bade, en Wurtemberg, releva la tête et reprit courage en apercevant une fois encore dans la personne du descendant des Habsbourgs un bouclier puissant contre la suprématie menaçante de la Confédération du Nord.

Quant au prince Gortschakoff, il n'avait certes pas lieu de déplorer la retraite de M. Belcredi et de s'affliger du changement de système en Autriche. — Le comte de Beust était, il est vrai, l'instrument de Napoléon III ; mais il passait aussi pour le représentant des *prétentions* allemandes des Habsbourgs, pour l'adversaire déclaré du comte de Bismark et le partisan de la France occupée à s'armer pour engager avec la Prusse une lutte

sanglante sur le Rhin ; aussi était-il vu d'un bon
œil à Saint-Pétersbourg.

De son côté, le nouveau ministre autrichien n'é-
pargna rien, dès le début, pour s'assurer les *bonnes grâces* de la Russie ; ce qui lui réussit d'autant
plus facilement que sa politique en Bohême et en
Gallicie semblait inspirée par des sentiments d'ab-
négation et de désintéressement et favorisait trop
les tendances panslavistes du cabinet de Saint-
Pétersbourg pour ne pas y provoquer des applaudissements.

Pendant que M. de Beust s'efforçait

> — « ... de renouer avec la Russie des rapports plus
> « intimes »...

l'antagonisme et la rivalité mutuelle des deux
côtés du Rhin se manifestait dans des proportions de plus en plus menaçantes ; — des bruits
offensants pour les talents politiques de Napoléon III, sur les compensations vainement at-
tendues par la France, surexcitaient au plus haut
point l'orgueil national blessé, et la presse française lançait feu et flammes contre le rusé ministre
prussien. — Aussi ce fut avec une précipitation
fébrile et une énergie sans pareille qu'on arma
l'empire, et, lorsque la question du Luxembourg
parut à l'horizon, un conflit sanglant semblait imminent et inévitable...

Le prince Gortschakoff était au septième ciel !...

Au premier coup de feu sur le Rhin, n'était-ce pas la Russie, n'était-ce pas lui qui était l'arbitre de l'Europe? Au premier coup de feu sur le Rhin, les portes de Constantinople, jusque-là éternellement fermées pour les Romanoff, ne s'ouvraient-elles pas d'elles-mêmes ?...

Telle était (en apparence) la situation avantageuse et grosse de promesses où se trouvait l'honorable vice-chancelier moscovite, au moment où la question du Luxembourg parut à l'horizon. — Il croyait tenir entre ses mains le sort du monde entier ; il s'imaginait que le rôle d'arbitre de l'Europe lui revenait de droit, car il voyait que « l'*Occident pourri* » avait été forcé par les circonstances de reconnaître et d'admettre ce rôle pour le cabinet de Saint-Pétersbourg.

Les relations de la Russie avec la Prusse étaient on ne peut plus cordiales ; la froideur et les soupçons que la présence à Prague de M. Benedetti avaient momentanément fait naître entre Berlin et Saint-Pétersbourg s'étaient enfin évanouis comme un rêve désagréable... en présence de la ferme conviction, où l'on était en Russie, de l'antagonisme acharné de la France et de M. de Bismark. Aussi le gouvernement russe, se croyant suffisamment abrité derrière ce *paravent prussien*..., en attendant le signal de la lutte sur le Rhin... n'accepta plus pour « *unique mesure...* » que son « *propre intérêt national* » et continua son œuvre de complète extermination en Pologne, tout en creusant ses tranchées systématiques sous les murs de Lemberg, de Prague et de Constantinople.

Jusqu'à quel point, en cas de guerre sur le Rhin, le prince Gortschakoff avait-il l'intention *de prouver par ses actes* la *communauté d'intérêts* de la Russie et de la Prusse, c'est ce que nous ne saurions dire ; mais le vice-chancelier était persuadé que M. Bismark, en face des armements de la France, comptait sur l'assistance et sur les forces de la Russie et c'est par là qu'il s'expliquait la quiétude du cabinet de Berlin... Aussi recevait-il toutes les *avances* (1) du ministre prussien et tous ses actes de *tolérance* (2) comme un *tribut* qui lui était dû et une *compensation* de l'appui et du secours *qu'on attendait de lui dans le péril.*

Il est vrai que Napoléon III, qui armait la France en prévision d'une guerre prochaine avec la Prusse (?), n'avait pas encore envoyé à Saint-Pétersbourg *ses humbles instances...* mais, en revanche, l'attitude prévenante et pleine d'une politesse et d'une

---

(1) Discours de M. de Bismark, dans le parlement allemand, en réponse aux députés polonais, protestant, le 18 mars 1867, contre l'annexion à l'Allemagne du grand-duché de Posen.

(2) Discours de M. de Bismark, en décembre 1867, en réponse à M. Loeve au sujet des persécutions moscovites dirigées contre la nationalité et la langue allemande dans les provinces de la Baltique.

tolérance exagérée de M. de Beust n'était-elle pas déjà en quelque sorte une indication éloquente de la politique et des dispositions du cabinet des Tuileries à l'égard de la Russie ?...

L'Autriche, publiquement reconnue pour la fidèle amie de la France — et, en cas de conflit sur le Rhin, pour son alliée active, ne pouvait-elle pas être regardée à juste titre, avant le commencement de la guerre, comme le *représentant naturel et accrédité* de l'empereur Napoléon ? Le prince Gortschakoff n'en douta pas un instant et il reçut comme argent comptant les avances pleines de déférence du comte de Beust, avec d'autant plus de joie, qu'il savait que cette monnaie avait *double cours*, non-seulement à Vienne, mais encore à... Paris !

C'est dans ces circonstances que le comte de Beust « *eut l'idée...* » de commettre à son tour une série « *de fautes* »... C'est alors qu'il ferma l'oreille et se banda les yeux relativement aux :

> — « *... intrigues* (en Gallicie) *et à l'agitation* (en
> « Bohême) *alimentées par des influences étran-*
> « *gères et spéculant sur la décomposition de la*
> « *monarchie...* » (1) ;

____

(1) « On m'a fait dire que nos relations avec la Russie, bien que « convenables, étaient restées un peu froides. En réalité j'ai rapporté « qu'à mon entrée au *ministère je m'étais efforcé de renouer avec* « *la Russie des rapports plus intimes que ceux qui existaient* *alors.* » (*Livre rouge.*) Circulaire du comte de Beust aux agents à l'étranger, du 30 octobre 1868.

c'est au milieu de ces oscillations politiques que le chancelier d'Autriche *se laissa entraîner...* et entraîna le marquis de Moustier à adhérer à une combinaison prônée par la Russie relative à l'annexion de l'île de Crète au royaume hellénique, comme la seule solution pratique du différend gréco-turc ; c'est alors enfin que le premier ministre d'un Habsbourg...

> — « *... s'efforçant* de renouer avec le cabinet de Saint-
> « Pétersbourg des rapports de plus en plus *inti-*
> « *mes... suggère la révision de certaines stipula-*
> « *tions du traité de Paris de* 1856. »

Nous le demandons, à ce moment déjà le regard de l'observateur ne découvre-t-il pas dans tout son jour ce sentier jonché de fleurs odorantes, par lequel Napoléon III, avec l'aide du comte de Beust, conduisait le prince Gortschakoff et la Russie... à une véritable déception ?

Ce sentier, parti de Saint-Pétersbourg, aboutissait à deux points, à deux buts différents : Londres et Paris.

A Londres, on avait tendu le piége diplomatique... où l'on devait prendre le *vieux paon moscovite...* tout bouffi d'orgueil et d'arrogance ; ce piége, — c'était la conférence.

A Paris, l'apparition du potentat du Nord à l'exposition universelle devait constituer une *troisième ré-*

paration (1) de « *l'insulte...* » faite à la France et à son souverain par le prince Gortschakoff, le 13 juillet 1863, à Tsarskoié-Siolo.

Nous supplions messieurs les censeurs de la politique du gouvernement français, qui énumèrent « *les fautes commises* », de vouloir bien jeter les yeux dans la double direction que nous leur indiquons.

L'affaire du Luxembourg était en pleine effervescence ; l'irritation et le désir de la guerre des deux côtés du Rhin arrivaient à leur point culminant ; l'odeur de la poudre se faisait sentir ; la guerre ne tenait plus qu'à un fil et semblait inévitable.

Le prince Gortschakoff contemplait, les bras croisés, avec un sourire de pitié, les infructueuses démarches du comte de Beust, qui, de son côté, se démenait et s'agitait pour conjurer à tout prix la tempête terrible qui menaçait l'Europe (2).

Les efforts et les démarches de l'Autriche pour prévenir une guerre, dans laquelle elle ne voulait ni ne pouvait rester neutre et où cependant une participation active était pour elle, après la triste

---

(1) Les *deux premières réparations* avaient été les visites du Czar à Schwalbach et à Nice, habilement ménagées par M. de Bismark.

(2) Il est bien entendu que, durant toute cette *comédie* du Luxembourg, le comte de Beust, qui s'amusait à dissiper les nuages et à conjurer la foudre, — ne fut pas embarrassé un seul instant et n'eut jamais de crainte... Car il voyait on ne peut plus distinctement l'horizon politique pur et rasséréné et, dans ce ciel azuré, les deux *planètes européennes*,.. l'empereur des Français et le comte de Bismark, brillant *l'une à côté de l'autre*, comme les deux étoiles de Castor et de Pollux, *en harmonie parfaite, en concorde absolue*.

catastrophe de 1866, une impossibilité matérielle, parurent très-naturels au vice-chancelier russe ; d'autant plus que la France s'armant contre la Prusse, à ce qu'il croyait, n'était pas encore suffisamment préparée à la lutte.

Le cabinet de Vienne offrit sa médiation aux deux parties pour arranger l'affaire du Luxembourg ; mais lorsque, cette proposition ayant échoué, on convoqua la conférence de Londres sur l'initiative du roi de Hollande et que la Russie fut appelée à y prendre part en qualité de grande puissance, alors le prince de Gortschakoff *jugea à propos* de sortir de l'expectative, — et de faire connaître son opinion.

Arrêtons-nous sur cet acte du vice-chancelier.

La tâche des puissances représentées à la conférence devait être de vider le débat relatif au droit de tenir garnison dans la place forte de Luxembourg, droit que la France contestait à la Prusse.

La valeur de ces droits prussiens a été appréciée par M. de Bismark lui-même, le 24 septembre 1867, lorsqu'il a dit au parlement :

> — « La Prusse *n'avait plus de droit ;* ce droit était « *éteint ;* la France ne contestait pas un droit in- « dubitable ; ce droit était un droit caduc. »

Le prince Gortschakoff connaissait la question ; il savait que le *bon droit* était du côté de la France ; il savait donc, par suite, que *le but* de la conférence de Londres n'était pas d'examiner *un doute*, mais d'appeler à la barre *du tribunal européen un accusé, un coupable.* C'était une *sentence* qui se préparait, c'était une *exécution* !

On représente la justice un glaive à la main et les yeux bandés ; il y a en effet de ces douloureuses situations où le juge *se voit forcé* de signer la condamnation d'un allié séculaire et d'un voisin fidèle. — Reste à savoir si la Russie se trouvait *dans ce cas* relativement à la Prusse, lors de l'affaire du Luxembourg !

En 1866, après les préliminaires de Nicolsbourg, le prince Gortschakoff déclare le 30 août :

> « Que le gouvernement impérial russe a de-
> « mandé la participation de l'Europe, pour résou-
> « dre les questions politiques et territoriales, qui
> « compromettaient l'équilibre européen fondé sur
> « des traités signés en commun.
>
> « Les autres cours *n'ont pas accepté cette pro-*
> « *position.* »

Pourquoi donc le prince Gortschakoff, invité aux conférences de 1867, n'a-t-il pas *suivi l'exemple* que lui avaient donné « *les autres cours* » en 1866 ? Pourquoi a-t-il accepté les « *propositions* » qu'on lui faisait de prendre part *à ce tribunal* de Londres convoqué *contre la Prusse* ?

Cette fois, nous répondrons pour l'honorable vice-chancelier :

La guerre sur le Rhin, dans l'opinion du prince Gortschakoff, n'était plus qu'une *question de temps ;* mais, en tout cas, elle était nécessaire, inévitable ; il savait que même la décision la plus favorable à l'empereur Napoléon dans l'affaire du Luxembourg ne pouvait que retarder et non empêcher le conflit. — Un apaisement *momentané* des esprits surexcités en France, voire même l'insignifiante compensation territoriale du duché de Luxembourg, ne faisait nullement disparaître la véritable cause du débat, qui, d'après lui, consistait dans le besoin d'un remaniement de la carte d'Europe, dans la *nécessité d'annexer les provinces rhénanes.*

La Russie, en refusant de prendre part aux conférences de Londres, en laissant tout entière la question brûlante du Luxembourg, pouvait *hâter* la guerre. C'est ce que croyait du moins le vice-chancelier moscovite « *immortalisé dans les fastes de sa patrie* », qui s'avouait à lui-même en toute humilité qu'il avait *le choix* entre deux modestes rôles : ou bien se poser en Jupiter olympien et lancer ses foudres sur « *l'Occident pourri…* », ou bien, tout en *retardant*, il est vrai, de quelques années la sanglante conflagration sur le Rhin, tant désirée par lui, prendre place en attendant *sur le trépied de Salomon* et, en qualité d'arbitre de l'Europe, juger *cette querelle de pygmées !…*

La Russie, en donnant le signal d'une guerre

universelle *immédiate*, au moment où la France et l'Autriche n'étaient pas encore prêtes et ne possédaient ni un contingent suffisant ni les armes nouvelles, aurait du moins fait preuve de *logique*. En poussant la Prusse à commencer la lutte aussitôt, en groupant de son côté, autour d'elle, toutes ses forces de terre et de mer, la Russie aurait montré à M. de Bismark la *sincérité* de ses bonnes intentions, l'*identité* de leurs intérêts communs, et elle l'aurait ainsi persuadé que, dans la bonne ou la mauvaise fortune, il avait le droit de compter sur le cabinet de Saint-Pétersbourg ; bien plus, qu'il le *pouvait,* qu'il le *devait.*

Le prince Gortschakoff, lorsqu'il fut invité aux conférences de Londres, ignorait-il tout cela ? Pouvait-il ne pas voir que cette guerre du Rhin (inévitable dans l'avenir selon son opinion) ne devait offrir *quelque chance* à la Prusse que si elle était commencée *sans perdre un instant* et avec le concours de la Russie ? Quand le prince Gortschakoff enlevait en 1867 cette *chance unique* à M. de Bismark, nous sommes curieux de savoir sur quoi il fondait l'espérance que le cabinet de Berlin, après avoir laissé pendant deux années la France et l'Autriche s'armer de pied en cap, engagerait la lutte avec elles, uniquement afin de *tirer les marrons du feu* pour la Russie, et de lui ouvrir les portes de Constantinople avec la *perspective* en retour d'échanger son titre d'Allemagne contre celui de Brandebourg !...

Si donc cette guerre de la Prusse et de la France, si désirée *dans l'intérêt de la Russie*, était, selon le prince Gortschakoff, une nécessité fatale, en ce cas il est clair, il est évident que, dans *l'intérêt de la Prusse*, l'affaire du Luxembourg était le nœud gordien qu'il fallait *immédiatement* trancher avec le glaive.

Oui, sans doute, dans l'intérêt de la Prusse; mais le prince Gortschakoff avait aussi un *intérêt personnel*.

Napoléon III qui, dans son fameux discours du 5 novembre 1863, du haut du trône de la France, avait convoqué devant le tribunal européen *opprimés* et *oppresseurs !...* ce juge qui, à Rome, tenait la balance entre le chef de l'Église et le royaume d'Italie; qui prononçait ses arrêts relativement aux réclamations du vice-roi d'Égypte dans l'affaire du canal de Suez; ce Napoléon III qui, à Prague, en 1866, au lieu d'accepter « *les propositions* » du gouvernement impérial russe, avait joué le rôle d'arbitre européen et servi d'intermédiaire entre la Prusse et l'Italie d'une part, la Confédération germanique et l'Autriche de l'autre;... celui qui d'un mot « *avait arrêté aux portes de Vienne* » les armées victorieuses;... il se présentait maintenant à son tour à Londres en 1867 dans l'humble posture de *suppliant*... il venait demander justice, *il attendait* de la main du prince de Gortschakoff *un arrêt* qui déciderait du sort et de l'attitude future de la France,—qui amènerait soit la paix, soit une guerre sanglante et inévitable sur le Rhin.

Occuper à son tour une position influente et prépondérante, — siéger avec le rôle de juge et de législateur au tribunal européen afin d'*absoudre* ou de *condamner* les Napoléon et les Bismark ; n'était-ce pas une tentation irrésistible?... Les vice-chanceliers moscovites retrouveraient-ils jamais une si bonne aubaine?...

Et faut-il s'étonner que cette fois l'austère ministre de la puissante Russie ait cédé à *une faiblesse de la nature humaine ;* que, fermant l'oreille à l'*intérêt* de la Prusse et de M. de Bismark, il soit venu, les yeux bandés et le *glaive de la justice* à la main, prendre place au tribunal de Londres?...

Mais, tout en écoutant la voix de la vanité et de l'ambition *personnelle*, le prince Gortschakoff, conséquent avec lui-même, pouvait, même en prenant part aux conférences, examiner la question du Luxembourg, non au point de vue métaphysique du *juste* et de l'*injuste*, mais au point de vue du propre *intérêt* de la Russie et de la Prusse.

En 1863, Napoléon III avait donné à l'Europe cet avertissement :

— « *Les traités de 1815 ont cessé d'exister !* »

En 1864 (selon la lettre de Napoléon III à M. Drouyn de Lhuys en date du 11 juin 1866)....

> — « ... l'Autriche, de concert avec la Prusse *et sans* « *se préoccuper du traité de* 1852, avait fait au « Danemark une guerre au nom de la nationalité « allemande. »

En 1865, l'arrêt des *syndics de la couronne* de Prusse et la convention de Gastein avaient à leur tour anéanti les droits de la Russie, — du prince d'Oldenbourg, et violé le principe des nationalités.

En 1866, Guillaume Ier avait tracé à Kœnigsgraetz, avec la baïonnette, *des traités contraires à tous les traités.*

Et, en 1867, M. de Bismark « *avait foulé aux pieds* » les traités à Berlin en incorporant la Posnanie et une partie du Slesvig septentrional à la Confédération du Nord !

En présence de ces « *faits accomplis* », et accomplis non à *l'avantage* de la Russie, le prince Gortschakoff, qui, en 1863, oubliant l'existence de la « *solidarité européenne* », l'enterrait vivante en même temps que les derniers débris d'autonomie du royaume de Pologne ; le prince Gortschakoff, à la courte mémoire... qui, dans sa fameuse note du 13 juillet 1863, remise au duc de Montebello et à lord Napier, chantait lui-même à Tsarskoïé-Siolo *le requiem funèbre* du principe « *de la solidarité européenne* », le voilà qui tout à coup, en

1866, le 30 août, tire du tombeau, comme un autre Lazare, cette « *solidarité* », et s'écrie :

> — « Le gouvernement impérial russe a réclamé le
> « concours de l'Europe pour résoudre les questions
> « politiques et territoriales qui ont ébranlé l'équi-
> « libre européen, fondé *sur les traités signés en*
> « *commun*. Les autres cours *n'ont pas accepté*
> « *cette proposition*. Puisque *le principe de la soli-*
> « *darité européenne* est actuellement *abandonné*
> « par les mêmes puissances sur l'entente mutuelle
> « desquelles il reposait, la Russie a devant elle un
> « *libre champ d'action : l'intérêt national de la*
> « *Russie sera désormais son unique mesure !* »

Il eût été curieux de voir la tournure que les choses auraient prise si ce vice-chancelier russe, invité en 1867 aux conférences de Londres, se fût conformé à sa déclaration du 30 août 1866, et si, « *ayant un libre champ d'action* », et prenant « *l'intérêt national de la Russie pour unique mesure* », il eût informé les grandes puissances qu'il refuserait son concours à ce tribunal de Londres convoqué *contre la Prusse !*

Il eût été curieux, nous le répétons, de voir l'attitude des cabinets européens, si le prince Gortschakoff en 1867 les avait avertis, *qu'à l'exemple* de M. de Bismark (dont la démarche n'avait d'ailleurs provoqué aucune protestation diplomatique), il convoquait à Saint-Pétersbourg, pour résoudre la question du Luxembourg, un *tribunal des syn-*

dics de la couronne russe ; que Napoléon III et M. de Bismark pouvaient comparaître (1) devant ce grave et consciencieux aréopage et que ce serait là, à Saint-Pétersbourg, qu'on rédigerait et prononcerait *un arrêt* en forme pour eux et pour l'Europe !

Cette conduite de la Russie eût été *logique, légale* et n'aurait pu exciter de récriminations, du moins... à Berlin. Quant à l'opinion des autres cabinets à cet égard, le vice-chancelier de la puissante Russie, alliée de la Prusse, aurait eu bien de la bonté d'âme de s'en préoccuper !

Mais si le prince Gortschakoff trouvait à propos de prendre part aux conférences de Londres, une fois assis sur son fauteuil *de juge,* n'avait-il pas, nous le demandons, le droit de jeter sous la table les traités européens « *foulés aux pieds,* » les conventions internationales et même les *dix Commandements de l'Écriture...* en déclarant : que le seul code qu'il reconnût était « *l'intérêt national de la Russie* », que « *la seule mesure* » de ses arrêts dans le débat entre la Prusse et la France serait la maxime célèbre de M. de Bismark :

« *La force domine le droit?* »

Le prince Gortschakoff pouvait agir ainsi, cela

---

(1) S. M. Guillaume Ier et S. M. I. Alexandre II, dans la personne du duc d'Oldenbourg, avaient comparu devant le tribunal des syndics de la couronne prussienne, réuni par M. de Bismark à Berlin, pour vider l'affaire de la succession des duchés de l'Elbe.

est hors de doute, puisqu'il avait devant lui « *un libre champ d'action* »; pourquoi ne prit-il pas cette direction ?

A lui de s'en expliquer avec M. de Bismark !...

Mais voyons maintenant comment le vice-chancelier moscovite, — le gardien « *de l'intérêt national de la Russie* », va se prononcer dans la cause de la Prusse, son alliée séculaire.

En tête du journal officiel russe du 2/14 mars 1867, nous lisons ce qui suit :

> — « *Nos dépêches* télégraphiques nous annoncent « la signature à Londres d'un traité *terminant pacifiquement* l'affaire du Luxembourg.
>
> « La grande *difficulté* pour la conférence était « non pas tant d'imaginer un moyen de terminer « l'affaire que de trouver *une formule* qui ne froissât l'amour-propre d'aucune des parties intéressées.
>
> « *Sur la motion du baron Brunnow* (c'est-à-dire de la Russie), la conférence a décidé :
>
> « Que le Luxembourg serait *neutralisé* pour « toujours sous la garantie des puissances euro-« péennes et que, quant à *l'éloignement de la* « *garnison prussienne*, le territoire du Luxem-« bourg étant devenu neutre..... *la présence de la* « *force armée* y devenait inutile... »

Ainsi donc, *la Russie avait sacrifié la Prusse* (1) !

---

(1) Voyez le chapitre VIII (*le Budget français et l'Émigration polonaise*).

Et par là n'autorisait-elle pas déjà moralement le comte de Bismark *à sacrifier plus tard la Russie à son tour?*

Le ministre de Guillaume Ier, en relisant cet *arrêt* prononcé contre lui par le *baron de Brunnow,* jeta encore les yeux, nous n'en doutons pas, sur la fameuse note de Frédéric II à la date du 24 janvier 1770 :

> — « Je commettrais *une faute politique impar-*
> « *donnable* en travaillant à l'agrandissement de la
> « Russie, *qui est pour la Prusse un voisin redou-*
> « *table* et qui pourrait devenir pour l'Europe *un*
> « *perpétuel sujet de crainte.* »

Nous n'en doutons pas, M. de Bismark, en tenant à la main le *décret* du Luxembourg, fit en souriant un retour sur le passé; il se rappela *le jour d'Olmütz,* et le compara, comme nous l'avons fait, avec *le jour de Prague...* il se rappela le fameux « *jour des princes* » (Fürstentag) à Francfort et les joyeuses félicitations adressées à M. de Thun à Saint-Pétersbourg dans cette occasion, et, en passant *Unter den Linden,* près de la statue du grand roi prussien,... il se découvrit avec respect, en reconnaissant que le plus célèbre des Hohenzollern était, quoi qu'on en dise, un véritable homme d'État !

L'affaire du Luxembourg eut un autre résultat non moins important : elle éclaira une fois de plus l'opinion publique en Allemagne et lui apprit par l'expérience que, dans les questions d'unité, de liberté, de progrès; que, dans les questions vitales d'intérêt, de développement commercial, de civilisation, etc., le peuple allemand ne peut pas s'en reposer sur la Russie, qu'il ne doit jamais compter sur elle, et que ce serait s'égarer que de *méconnaître* pour elle la France, *sa puissante alliée naturelle !*

L'issue du conflit du Luxembourg, qui, d'après nous, *n'a jamais constitué un point en litige* entre Berlin et Paris, jeta dans la masse du peuple allemand la semence salutaire *d'une saine pensée politique :* cette pensée germe déjà (1)... et bientôt,

---

(1) A l'appui de cette assertion, sans parler des récriminations de la presse allemande, qui récemment s'est soulevée tout entière avec tant de violence et d'ardeur contre la Russie, à cause des persécutions exercées dans les provinces de la Baltique, qu'on veut russifier par la force, nous citons textuellement un passage de la circulaire publiée par la rédaction de l'organe nouvellement fondé du ministère bavarois la *«Süddeutsche Presse »* (Presse de l'Allemagne du Sud), qui résume en ces mots son nouveau *programme* et ses tendances politiques :

« Munich, 24 septembre 1867.

« Notre circulaire doit déterminer le terrain sur lequel nous sommes obligés de nous mouvoir ; elle doit être l'exposé de la tactique politique que nous devons suivre. Nous voulons indiquer non le but, mais le point de départ de nos efforts.

« Par la paix de Prague, les États de l'Allemagne méridionale ont été jetés nus et sans abri dans la société des États européens.

« Nous admettons, du reste, que tout espoir n'est pas perdu d'amener par des voies pacifiques une forme de choses répondant « mieux à l'esprit national et aux besoins de l'Europe. — Les con-

devenue l'opinion de la majorité intelligente, elle expliquera, justifiera et *défendra* M. de Bismark, lorsqu'en échange des services immenses et de la généreuse assistance reçue de Napoléon III, il fera marcher au moment solennel qui ne saurait plus être bien éloigné, il fera marcher, disons-nous, *l'Allemagne unie*, *libre* et *libérale* sous le même drapeau que la France démocratique impériale, conduisant le monde sur la route de la régénération et de l'affranchissement des peuples opprimés!...

L'issue de la question du Luxembourg donne un fondement solide à ces belles et profondes paroles — par lesquelles nous terminerons ce chapitre (1) :

XII. — « Le peuple allemand, *rassuré contre toute im-*
« *mixtion de notre part* dans ses affaires intérieu-
« res, est destiné à devenir *notre plus fidèle allié*.
« Tout nous unit et *rien ne nous sépare* (2). »

« ditions en sont très-simples : *il s'agit uniquement que la Prusse* « *renonce à donner ultérieurement son appui aux plans russes* « *et qu'ainsi elle acquière la possibilité de s'entendre à la fin* « *avec l'Autriche et la France!* Dans les questions allemandes, la « *Presse de l'Allemagne du Sud* poursuivra principalement le « *but de mettre la pensée allemande à la place de la pensée prus-* « *sienne!...* »

(1) **Extrait** de la brochure « *Napoléon III et l'Europe en* 1867 » par l'abbé Bauer (?...), publiée à Paris, chez Dentu.

(2) « ... *tandis que les deux pays* (la France et l'Allemagne) *ne demandent qu'à vivre en paix* »... (Discours de M. de Bismark, prononcé dans la Chambre des seigneurs à Berlin, le 13 février 1869.)

—   « L'Allemagne, ayant à choisir entre ses deux
« puissants voisins, se tournera, — une fois ras-
« surée, — infailliblement vers la France, *dont*
« *l'alliance*, sous tous les rapports, est *bien plus*
« *naturelle* pour elle que celle de la Russie. Or
« une entente amicale entre la France, l'Allemagne
« et l'Angleterre, c'est non-seulement *la paix* in-
« destructible de l'Europe, mais c'est l'empire du
« monde assuré *à toutes les idées généreuses*, dont
« ces trois grandes nations sont incontestablement,
« sinon les seuls, du moins les plus illustres et les
« plus puissants représentants dans l'univers. »

XIII. —   « Il importe d'ajouter que ce *programme*, capa-
« ble de donner à l'Europe une longue ère de paix
« et de prospérité, ne peut devenir une réalité qu'à
« trois conditions :

« 1° A la condition que la convention du 15 sep-
« tembre, *ou l'équivalent que nous nous efforçons*
« *de lui créer*, sera rigoureusement respectée et
« qu'ainsi le Saint-Père demeure dans cette pleine
« indépendance, qui est indispensable à l'exercice
« de sa suprême charge pastorale;

« 2° Que la France, satisfaite au dedans, n'as-
« pire pas à se distraire au dehors de son malaise
« intime;

« 3° Enfin que l'Europe, voulant la paix comme
« nous, en donne *dans un congrès* un gage irré-
« cusable et absolu, en acquiesçant à un *désarme-*
« *ment universel.*

XVI. —   « La France, satisfaite à l'intérieur, sympathi-
« que au développement de la *grande nation ger-*

— « *manique*, gardienne toujours vigilante de la pa-
« pauté, la France peut donner en ce moment une
« longue ère de paix.

« Mais, pour que cette paix ne soit pas une paix
« armée, plus fatale que la guerre, il faut *que l'Eu-*
« *rope s'associe* aux vues pacifiques de la France
« et qu'un désarmement général vienne donner
« au monde un gage manifeste d'apaisement uni-
« versel.

« Il y a quatre ans, le chef de la nation française
« fit un appel au monde pour écarter, par une
« loyale discussion, les causes des dissentiments
« qui depuis ont fait couler des torrents de sang.

« Quel est l'esprit sensé qui ne convienne au-
« jourd'hui qu'il eût été heureux pour l'Europe que
« cet appel eût été entendu ?

« *Il est le propre d'un esprit patient de ne pas*
« *abandonner un grand dessein*, parce qu'une pre-
« mière fois les circonstances n'en ont point favo-
« risé l'exécution.

« Peut-être l'Europe, instruite à l'école de ses
« malheurs et fatiguée de tant de stériles agitations,
« l'Europe, avide de paix, serait-elle heureuse
« d'entendre aujourd'hui *cette même voix* lui dire :

« *Il faudra bien que l'on m'écoute, puisque je*
« *parle au nom de la France* (1). »

---

(1) Discours d'ouverture de la session, 5 novembre 1863.

VII.

LE COMTE DE BEUST

EXHIBE « SES FAUTES » EN 1867

A L'EXPOSITION UNIVERSELLE DE PARIS

VII.

LE COMTE DE BEUST
EXHIBE « SES FAUTES » EN 1867
A L'EXPOSITION UNIVERSELLE DE PARIS.

Dans le chapitre précédent, nous avons cité *l'arrêt contre la Prusse* prononcé à Londres par le baron Brunnow ; il nous reste ici à expliquer brièvement les raisons qui ont déterminé le prince Gortschakoff à rendre un jugement *si puritain* contre l'unique alliée, contre l'alliée séculaire de la Russie.

Par suite du débat du Luxembourg, la surexcitation et les colères internationales étaient à leur comble ; la presse prussienne et la presse française échangeaient sans cesse les provocations les plus hostiles ; les armements militaires s'exécutaient en France avec une fiévreuse précipitation, et les organes ministériels de M. de Bismark constataient même déjà « *des mouvements stratégiques* » de l'armée française.

En présence d'un tel état de choses, le baron de Beust qui,

> — « ... dès son entrée au ministère *s'était constam-*
> « *ment efforcé de renouer avec la Russie des rap-*
> « *ports plus intimes* que ceux qui existaient
> « alors (1).. »,

eut l'idée, à son tour, de *commettre des fautes ;...*

> — « ... il suggéra la révision de certaines stipulations
> « du traité de Paris de 1856 (2) ».

Cette démarche était, on le voit, de la part du chancelier d'Autriche, une preuve éloquente que le cabinet de Vienne, pour conjurer la tempête qui grondait sur le Rhin, pour maintenir au moins *quelques années encore* la paix européenne qui s'écroulait partout, ne reculait pas devant le plus pénible des sacrifices ; car, en mettant en jeu la sûreté de la monarchie de Habsbourg, le comte de Beust sacrifiait un trésor précieux, — le traité de Paris, cet *inviolable palladium* de l'Europe, acheté au prix de tant de sang sous les bastions de Sébastopol !

Mais qu'une idée si *originale* eût pu subitement germer dans la tête d'un homme d'État chargé de sauvegarder les intérêts de l'Autriche, — le prince Gortschakoff était encore trop versé dans les machinations diplomatiques pour ne pas deviner un

---

(1) Circulaire aux agents à l'étranger. — 30 octobre 1868.
(2) Même circulaire (Livre rouge).

but secret, pour ne pas apercevoir, à travers la lettre des propositions du cabinet de Vienne, leur véritable et leur *première origine...*

Le comte de Beust, « *en suggérant la révision du traité de Paris* », ne pouvait commettre, au point de vue des intérêts autrichiens, une faute aussi grossière, un pas de clerc aussi évident, aussi absurde, et, par suite, il agissait *dans l'intérêt de la France*, il agissait *au su et au vu* de Napoléon III, de qui venait *l'initiative.*

La France et l'Autriche, en proposant à la Russie cette partie si avantageuse, dont l'enjeu était l'unique fruit de la guerre de Crimée, c'est-à-dire le fameux traité de Paris, — devaient désirer et demander *en échange* quelque compensation. Quelle pouvait être, quelle était cette compensation ?

L'honorable vice-chancelier n'avait pas besoin d'aller bien loin pour trouver le mot de l'énigme... car il était évident que, si dans un des plateaux de la balance on mettait le traité de Paris que la Russie dévorait des yeux, dans l'autre on avait mis M. de Bismark, la sécurité de la Prusse et les provinces rhénanes... qui semblaient exciter au même degré l'appétit de la France....

En d'autres termes, Napoléon III, menacé d'une guerre sur le Rhin, dans la question du Luxembourg, forcé par la politique *provocatrice* du cabinet de Berlin à accepter une lutte sanglante, à laquelle la France n'était pas encore suffisamment préparée, mis au pied du mur par M. de Bismark, s'était enfin décidé à une démarche désespérée... Napoléon III réclamait évidemment le secours et l'appui du tout-puissant vice-chancelier et, pour prix de la *neutralité* russe en cas de conflit, il feignait d'être prêt à sacrifier les intérêts de la France, — les intérêts de l'Europe en Orient.

Voilà quel était le véritable sens et la signification réelle de cette *mission* confiée à M. de Beust par le gouvernement français pour le cabinet de Saint-Pétersbourg ; voilà quelle était la cause *des fautes qu'il commettait* !...

Mais, si, d'une part, « *cette révision du traité de Paris suggérée* » par M. de Beust promettait au prince Gortschakoff une conquête diplomatique bien tentante et bien précieuse, — il savait, d'autre part, que la question était délicate... et excessivement épineuse : c'était *l'intérêt* de la Prusse qui était sur le tapis et l'on jouait un jeu dangereux, car, avec l'empereur des Français, on risquait plus de perdre que de gagner la partie.

Tout cela est vrai : mais voir déchirer tout d'un coup le traité de Paris ; anéantir et réduire en poussière les brillants trophées des armes françaises ; sentir la Russie délivrée des chaînes honteuses que l'Occident lui avait imposées après la guerre de Crimée ; pouvoir saluer le pavillon moscovite flottant sur la mer Noire, et les bastions de Sébastopol sortis de terre, pour épouvanter l'Europe et la railler ; faire disparaître « *des fastes de l'histoire nationale* » un passé triste et humiliant, pour y inscrire en caractères ineffaçables, au milieu de nouveaux lauriers diplomatiques, la grandeur des Gortschakoff !...

Quel rêve grandiose, quelle tentation ! Le vice-chancelier russe n'y put tenir.

Nous sommes loin de soupçonner le cabinet de Saint-Pétersbourg d'avoir eu, en prêtant l'oreille aux propositions franco-autrichiennes, quant à la révision du traité de Paris, l'intention ou le désir de *trahir* la Prusse et de la mettre *entièrement* à la merci de l'empereur Napoléon et du comte de Beust ; nous savons à merveille que la question ne pouvait être posée ni acceptée en ces termes soit à Saint-Pétersbourg, soit à Paris et à Vienne. Mais, après les événements de 1866, la situation de la France et de la Russie paraissait *identique* à beaucoup d'égards, relativement à la Prusse *agrandie ;* et même au point de vue moral, si d'un côté le comte de Bismark provoquait et semblait dédaigner la France, d'autre part cette fière et hautaine attitude du *gladiateur* de Berlin choquait aussi à Saint-Pétersbourg... où elle jetait une ombre néfaste sur *le monument de marbre* élevé de son vivant

par la Russie « *reconnaissante* » au grand diplomate
« *immortalisé dans les fastes de l'histoire nationale !* »

Si pour l'avenir la Prusse menaçait la France
sur le Rhin, — ne menaçait-elle pas aussi la Russie
sur la Baltique ? Si l'exécution de l'article V du
traité de Prague intéressait l'honneur de la France,
la reddition au Danemark des points stratégiques
de Düppel et d'Alsen n'était-elle pas intimement
liée à l'intérêt du pavillon russe sur les mers du
Nord ? Si la sûreté de la France dépendait du respect de la ligne du Mein, — la Russie n'avait-elle
pas protesté, le 30 août 1866, contre les annexions
territoriales exécutées par le comte de Bismark
et que l'on trouvait déjà excessives ? Si la solution
de la question du Luxembourg au profit de la
France garantissait pour *quelques années* la paix
européenne et permettait à Napoléon III d'armer
la France, de la préparer à une guerre sanglante
contre la Prusse, — est-ce que d'autre part, en donnant à la Russie le rôle d'arbitre européen, elle ne
lui garantissait pas que cette France armée reculerait d'autant moins devant une lutte sur le Rhin,
si indispensable dans les vues de la Russie ? D'ailleurs, si la France avait besoin de gagner du temps,
la Russie, occupée à exterminer la Pologne, à mi-
ner la Turquie et l'Autriche, ne désirait-elle pas
aussi pour quelques années encore le maintien de
la paix européenne ?

Sur tous ces points, le prince Gortschakoff voyait en 1867 *la possibilité* de s'entendre et de s'aboucher avec le cabinet des Tuileries ; c'était sur *ce terrain* qu'il pouvait admettre des conventions, des transactions et des concessions en faveur de Napoléon III *en échange de la révision du traité de Paris.*

Nous avons dit, et cela est clair, qu'entre Paris, Vienne et Saint-Pétersbourg se dressait *l'intérêt de la Prusse*, qui intervenait dans le jeu : car de quoi s'agissait-il ? D'arrêter *pour un temps*, de lier pour un instant les pieds et les mains à M. de Bismark *par l'entremise* de la Russie...

Certes, cela était grave et *dangereux...* Mais aussi le prince Gortschakoff savait qu'en entravant *pour quelques années* le comte de Bismark, il pouvait *en échange* effacer *à jamais* les stipulations qui paralysaient la Russie sur la mer Noire, — qu'en donnant à la France le temps de s'armer suffisamment contre la Prusse, il gagnait lui-même du temps, et de plus, le traité de Paris une fois rompu, au moment de la guerre sur le Rhin, inévitable, à ce qu'il croyait, la Russie se trouverait libre et maîtresse de ses actions sur le chemin de Constantinople !

Nous le voyons, le jeu était *difficile...* la question *délicate*, et, dans les travaux souterrains de ce genre, la plume et le papier présentent pour la discussion et l'échange de pensées quelquefois subtiles, un terrain dangereux, escarpé... *verba volant, scripta manent*, — il fallait négocier de *vive voix*.

Ici encore les dieux furent visiblement d'accord avec le prince Gortschakoff; ils soufflèrent je ne sais quoi à l'oreille de l'empereur des Français, et l'on ouvrit l'exposition universelle.

Cet heureux concours de circonstances, cet événement (car il est à remarquer que dans « *ses fautes* » le gouvernement français *suit toujours le cours des événements...*), cette exposition de Paris ne présentait-elle pas, nous le demandons, *l'occasion* la plus favorable pour l'échange de *confidences* secrètes entre Alexandre II et Napoléon III, sans attirer l'attention indiscrète des alliés et *protecteurs* (1) de

---

(1) Il suffit de jeter un coup d'œil sur la politique traditionnelle des Hohenzollern pour se convaincre qu'elle n'a jamais été redoutable aux nations et aux princes avec lesquels ils étaient en mauvaise intelligence. — Quand le cabinet de Berlin provoque et menace, il n'y a pas de danger; mais dès qu'il commence *à protéger...* malheur à celui qu'il protége !

Le projet du second démembrement de la Pologne a été conçu et exécuté principalement par le roi de Prusse, — l'ami, l'allié, le conseiller et *le protecteur* de la nation polonaise. — Il avait contracté une alliance avec elle, lui avait promis son secours, et il la poussait à la guerre contre la Russie, arrêtant de la sorte l'armée moscovite déjà aux portes de Constantinople. — Frédéric II, excitant la Pologne à la guerre contre la Russie, sauva la Turquie ; mais en revanche, pour dédommager Catherine II de cet échec en Orient..., *le protecteur* et *l'allié* de la Pologne proposa et exécuta, de concert avec le cabinet de Saint-Pétersbourg, le second partage d'une nation amie et d'un pays *protégé!* — M. de Bismark *a protégé* la Russie contre le soulèvement polonais en concluant la fameuse convention du 8 février 1863 avec le prince Gortschakoff, convention — *grâce à laquelle* la question polonaise a été élevée

la Russie... sans exciter les *soupçons* à Berlin?...

A Saint-Pétersbourg on reçut avec joie l'invitation française ; à Paris on prépara le palais de l'Élysée ; l'Europe étonnée apprit que le Potentat du Nord était inscrit sur la liste des *touristes curieux* qui viendraient visiter les merveilles des beaux-arts, de l'industrie et du commerce... et la France, pavoisant les maisons de Paris de drapeaux moscovites, attendait l'arrivée dans ses murs hospitaliers non-seulement du czar Alexandre, mais aussi de *celui*... qui avait eu l'audace, en 1863,

---

au rang *de question européenne*, et a provoqué l'intervention diplomatique de la France et de l'Autriche. — M. de Bismark, en 1864, dans le Schlesvig-Holstein, *a protégé* contre la « *révolution le droit monarchique* » de Christian IX. — M. de Bismark *a protégé* l'Autriche en déclarant la ligne du Mincio frontière stratégique de l'Allemagne.—M. de Bismark *a protégé*, en 1866, la *fortune privée* de l'ex-roi de Hanovre, en mettant dans la poche de ce monarque des millions de thalers prussiens. —M. de Bismark *protége* la Grèce et la Turquie... de même que la paix européenne... en proposant la réunion de la conférence qui siége actuellement à Paris. — M. de Bismark, nous en sommes certains, *protégera*... avec le temps la Hollande!... Mais, en attendant, M. de Bismark *provoque* et *menace* (dit-on) la France! N'oublions pas alors qu'en revanche il conseille, couvre... et *protége* la Russie !...

La conduite de la Russie depuis cinq ans, ses atrocités en Pologne, sa politique en Asie, ses « *intrigues* » panslavistes en Autriche, ses « *agitations* » souterraines en Roumanie, en Turquie, en Grèce, voilà autant de *preuves* que les *conseils* de M. de Bismark adressés au cabinet de Saint-Pétersbourg, comme jadis ceux du roi Fréderic II prodigués aux Polonais, sont *loyaux, sages* et *désintéressés !*...

Eh bien ! nous serions curieux de voir quelles seront en définitive *les frontières* de la Russie, et quelle mine fera le vénérable prince Gortschakoff, le jour où il sortira de cette *affectueuse tutelle*.....

de « *l'insulter* » impunément à Tsarskoïé-Siolo !...

Mais nous rappelons qu'en dehors de la France, parée de ses habits de fête, l'astre de l'empire ne brillait pas partout sur l'horizon diplomatique d'un éclat aussi pur et aussi joyeux. La Pologne, ensanglantée sous le joug écrasant de l'ennemi qui s'acharnait sur elle, agonisait au milieu des ruines, et *l'ingrat* M. de Bismark, passant avec son arrogance ordinaire la revue de l'armée française, promenant avec indifférence sur le papier de ses organes ministériels prussiens les bataillons français, et faisant défiler sur le Rhin les aigles impériales... de son côté, ne reculait pas d'une semelle, et se dressait dans une attitude fière et provocatrice, là même...

> — « ...où la Prusse *n'avait plus de droit;* où ce
> « droit *était un droit caduc,....* où la France *ne*
> « *contestait aucun droit indubitable* » (1) !

Le prince Gortschakoff voyait ce triste contraste, ces « *points noirs...* » sur l'horizon de la France impériale, — et, en se préparant à partir avec son auguste souverain pour l'exposition de Paris, il voulut du moins faire en sorte que le spectre de la Pologne et de M. de Bismark ne vînt pas trop éclipser le soleil levant en ce jour d'allégresse, où

______

(1) Réponse de M. de Bismark à M. Bebel au parlement allemand, le 14 septembre 1867.

le peuple des bords de la Seine aurait l'honneur de contempler les traits de S. M. I. Alexandre II.

L'arrêt prononcé *contre la Prusse* aux conférences de Londres dans l'affaire du Luxembourg par le baron de Brunnow et *l'amnistie* (?...) pour la Pologne signée à Wierzbolow le 29 mai 1867, voilà quelques-uns des fruits des « *fautes commises* » par le comte de Beust.

Bien que nous n'ayons pas coutume d'attacher trop d'importance aux élucubrations passionnées, aux opinions extravagantes et aux phrases d'énergumène de la presse russe en général, — il est néanmoins hors de doute que la fameuse *Gazette de Moscou*, organe du tout-puissant M. Katkoff, a pour l'Europe aussi bien que pour la Russie une valeur et une portée exceptionnelles (1).

Dans les questions qui concernent la politique étrangère du cabinet de Saint-Pétersbourg, le journal de M. Katkoff et les articles calculés qui

---

(1) Nous citons à l'appui de cette phrase le passage suivant dû à la plume d'un publiciste très-compétent en ces matières, M. Julian Klaczko. Ce passage est extrait de sa brochure très-remarquable intitulée *le Congrès de Moscou et la Propagande panslaviste :*

« Rien ne fait mieux comprendre tout cet ordre d'idées dans le-
« quel se meut et se complaît le génie russe, depuis la catastrophe
« de Kœnigsgrætz, qu'une lecture suivie et attentive *de la fameuse*
« Gazette de Moscou, *le moniteur des passions populaires* de la
« sainte Russie, l'officine *d'où partent* depuis bientôt cinq ans *les*
« *mots d'ordre pour l'opinion publique* dans le vaste empire des
« czars *et parfois même des programmes pour les ministres di-*
« *rigeants à Saint-Pétersbourg.* » (Voir p. 7.)

sortent de sa plume interprètent souvent les vues, les pensées et les buts du gouvernement russe d'une manière plus éloquente (parce qu'il est irresponsable) que les notes diplomatiques et circulaires de la fabrication de M. Hamburger qui sortent de la chancellerie ministérielle du prince Gortschakoff.

Il est inutile de dire que le rédacteur de la *Gazette de Moscou* tire son inspiration d'en haut... et que, réciproquement, le gouvernement moscovite, à l'aide du journal le plus populaire de l'empire, tâche d'agir sur l'opinion publique et de diriger les tendances de la masse ; ce sont des faits trop connus pour que nous essayions de les démontrer.

Dès que la nouvelle de la résolution prise par Alexandre II de visiter l'exposition de Paris se fut répandue en Europe avec la rapidité de l'éclair, en Russie ce projet de visite impériale aux Tuileries provoqua nombre de commentaires et même une sorte de mécontentement général. Sur les bords de la Néwa, on se permettait d'observer qu'il aurait été plus *convenable* que l'invitation eût été « *personnellement* » apportée au Palais d'Hiver par Napoléon III ; on faisait remarquer que cette « *nouvelle visite* » qu'on allait rendre à la France était un acte qui offensait la dignité de l'auguste monarque de la puissante Russie ; l'opinion publique était *inquiète* pour beaucoup de raisons...

Tout cela fournit à M. Katkoff l'occasion de publier dans la *Gazette de Moscou* un article des plus curieux inspiré d'en haut et qui, non-seulement reflète fidèlement les opinions courantes et les convictions nationales sur la position occupée en Europe par la Russie, mais encore, ce qui est bien plus important, nous montre à découvert *le but et la cause du voyage fait à Paris* par Alexandre II ; bien plus, il nous dépeint tout le trésor de rêves délicieux, de songes éthérés et de douces espérances dont se nourrissait et s'enivrait l'honorable vice-chancelier Gortschakoff — en se dirigeant vers les bords de la Seine.

Voici ce que publiait M. Katkoff dans la « *Gazette de Moscou* » du 29 avril 1867 :

— « L'exposition de Paris promet actuellement *de « devenir un événement politique de la plus haute « importance.* L'horizon européen qui s'éclaircit « *pour un instant* (!) fait espérer à la capitale de la « France de devenir le lieu de réunion des plus « puissants monarques de l'Europe.

« *L'ancien rêve de Napoléon III promet, du « moins en partie, de se réaliser.*

« L'entrevue personnelle des monarques, même « *en dehors de tout congrès et sans programme « convenu à l'avance, ne saurait rester sans résul- « tat en présence de tant de questions pendantes !*

« *L'influence pacifique de la Russie.....* (?) *a « une occasion de se manifester dans toute sa*

— « *force,* et son action peut être d'autant plus effi-
« cace qu'elle est moins engagée elle-même dans
« les complications européennes actuelles.

« La Russie *ne cherche pas d'appui pour elle...*
« *elle tend la main aux autres pour leur servir*
« *d'appui.....* (sic !)

« Si le voyage de Sa Majesté à Paris est mis à
« exécution, ce voyage, avec le secours de Dieu et
« des circonstances, *doit relever encore la situation*
« *de la Russie et lui rendre toute l'ancienne force*
« *de l'influence qui lui revient de droit sur les*
« *affaires européennes.....* (sic !)

« Le monarque russe n'a besoin *de rien deman-*
« *der,* de rien chercher ailleurs. Son voyage à Pa-
« ris ne peut être que la résolution tranquille *de la*
« *force qui a conscience d'elle-même.*

« Grâce *à la politique adoptée* par le gouver-
« nement impérial *dans ces dernières années* et
« aussi par suite des événements qui ont si profon-
« dément changé la situation, les circonstances
« sont telles que *c'est vers la Russie que sont diri-*
« *gées toutes les espérances des gouvernements*
« et des intérêts sociaux généralement inquiétés.

« L'Europe *ne peut devoir qu'au souverain de la*
« *Russie* dans cette époque de trouble l'empêche-
« ment de conflits sanglants, *du moins dans un*
« *avenir prochain.....* (sic !)

« C'est en France *surtout* que doit être *appréciée*
« la visite projetée par l'empereur de toutes les
« Russies. *Les dernières années ont été pour le*
« *gouvernement de ce pays une suite continuelle*
« *de graves insuccès...* (?) Un témoignage *d'amitié*

— « *personnelle* donné au souverain *de ce pays vol-*
« *canique*, sujet à des secousses périodiques, ne
« saurait manquer d'avoir *pour lui une grande va-*
« *leur, au milieu des circonstances actuelles!....*

« Il est difficile de prédire quoi que ce soit avec
« une entière certitude ; mais, sans le moindre
« doute, si *l'on sent renaître* maintenant partout
« *l'espérance* du maintien de la paix si chère à tout
« le monde, la cause en est non pas la conférence
« pour la question du Luxembourg, mais bien la
« nouvelle inespérée et tout à coup répandue de la
« réunion prochaine des têtes couronnées dans la
« capitale de la France. »

Le contenu de cet article ne jette-t-il pas une
lumière suffisante sur les heureuses dispositions,
la bonne humeur et *les brillantes espérances* du czar
du Nord se rendant à Paris où il *espérait* apparaî-
tre à l'exposition universelle, dans le rôle d'arbitre
de l'Europe ? Ces passages caractéristiques de
l'organe de M. Katkoff, de ce « *moniteur des pas-*
sions populaires de la Sainte Russie », sont la preuve
palpable de la *mystification* dont Alexandre II allait
être victime. Il était sûr, en quittant la Néwa pour
visiter la Seine, *d'y trouver* en échange *de la peau*
des Prussiens... passablement endommagée à Londres, le traité de Paris complétement déchiré.

Ce qu'il y trouva, tout le monde le sait : des
démonstrations en faveur de la Pologne, la réception assez peu *hospitalière* des avocats du barreau de

Paris dans le sanctuaire *de la justice*, un nombreux cortége d'agents de police le protégeant sans cesse, la *Grande-Duchesse de Gerolstein* commandée d'avance par le télégraphe... et... le triste attentat de Berezowski (1) !

Ce qu'il en rapporta, il est facile de le deviner, quand on considère qu'après un séjour de deux semaines à Paris, il repartit si précipitamment *qu'il n'eut pas le temps* de pousser une pointe à Berlin ; quand on se rappelle dans quelle disposition d'esprit il fit son entrée à Varsovie, et enfin lorsqu'on lit le rescrit suivant à l'adresse du prince Gortschakoff publié le 13/25 juin à Vilna, c'est-à-dire encore *en route et avant l'arrivée* à Saint-Pétersbourg :

« Alexandre, fils de Michel,

— « Toute la Russie a solennellement reconnu vos « services lorsqu'en 1863, en exécutant mes inten- « tions, *vous avez désarmé par la force de la pa-* « *role nos ennemis se levant contre nous !... Par* « *cet acte, vous avez immortalisé votre nom dans* « *les fastes de notre histoire nationale.* Appré- « ciant moi-même *ces importants services,* je vous

---

(1) Nous rappelons en outre ici la députation polonaise de triste mémoire arrivée de Varsovie pour féliciter Sa Majesté d'avoir échappé à l'attentat dirigé contre sa vie ; mais ce n'est que pour constater qu'à ce moment encore Alexandre II salua les députés en qualité de « *roi de Pologne* ». Aujourd'hui les empereurs de Russie ne se servent plus de ce titre. —

  — « ai exprimé à plusieurs reprises *mes remerci-*
  « *ments,* comme souverain, et *ma reconnaissance.*
  « Aujourd'hui, en vous élevant à la dignité de
  « chancelier de l'Empire, il m'est particulièrement
  « agréable de vous exprimer *l'espérance de vous*
  « *voir longtemps encore à la tête du ministère*
  « *qui vous est confié.*
   « Votre affectionné et *reconnaissant,*

        « ALEXANDRE. »

Le rescrit ci-dessus n'est-il pas une preuve assez claire de *l'irritation et des déceptions* du souverain russe ? Il était donc tombé à Paris comme *mars en carême...* il était venu chez « *l'ennemi de la Russie* » chercher une *hospitalité* qui lui permît de rappeler, *en échange de la cordiale réception* de Napoléon III, que « *l'immortel* » prince Gortschakoff avait « *insulté* » la France en 1863 !...

Nous doutons qu'une *politesse moscovite* de ce genre ait pu *mériter une médaille...* en 1867 à l'exposition universelle du monde *civilisé !*

Pour ce qui est du comte de Beust, lui, qui, afin de terminer l'affaire du Luxembourg *à l'avantage* de Napoléon III et *d'expédier* Alexandre II à l'exposition de Paris...

  — « ... s'était *efforcé de renouer* avec la Russie *des*
  « *rapports plus intimes et avait suggéré la révi-*
  « *sion du traité de Paris de* 1856 ».....

lui qui plus tard, en récompense « *des fautes com-*

mises » (1) dans *l'intérêt* de la France, recevait le grand cordon de la Légion d'honneur, — le chancelier autrichien terminait ainsi sa note :

— « ... si, malgré *cette démonstration* (!..) et mon at-
« titude *conciliante* (?..) nos relations avec la Russie
« *n'étaient pas empreintes d'autant de cordialité*
« *que* je l'aurais voulu (?..), il fallait en chercher *la*
« *cause dans* des circonstances *indépendantes de*
« *ma volonté*..... »

Certes, voilà bien des « *fautes* » accumulées sur la conscience diplomatique de l'*ex-baron* de Beust !...

---

(1) Nous constatons qu'à l'heure qu'il est toute la presse officielle prussienne attaque sans cesse avec acharnement M. de Beust et critique ses erreurs, ses indiscrétions (dans le livre rouge), en un mot ses « *fautes commises* » contre la Prusse. — Cette guerre de plume entre Berlin et Vienne, cette bruyante querelle, nous pouvons l'assurer, fondra comme la neige de mars *aux premiers rayons du soleil du printemps*, en nous montrant l'Autriche et la Prusse unies par les liens de la plus intime *amitié* et par ceux de *l'intérêt commun*.

En attendant, rappelons ici les propres paroles de M. de Bismark au parlement de l'Allemagne du Nord, le 9 décembre 1868 :

« Je ne puis m'engager, dit-il, dans une discussion quelconque sur « la personne de mon *collègue* de Vienne. — Je ferai seulement ob- « server *que j'ignore l'existence chez lui de sentiments hostiles à* « *mon endroit.* »

VIII.

LE BUDGET FRANÇAIS

(1831-1868)

ET L'ÉMIGRATION POLONAISE.

VIII.

LE BUDGET FRANÇAIS (1831-1868) ET L'ÉMIGRATION POLONAISE.

Il vient de paraître sous ce titre une brochure (1) dont la tendance nettement accusée laisse
trop percer à travers ce pseudonyme « PAR UN CON-
TEMPORAIN » la marque de fabrique *du gouvernement
russe,* pour qu'il nous soit permis de n'en pas dire
ici quelques mots.

Si nous prenons la plume, ce n'est pas dans
l'intention d'engager une polémique avec ce « CON-
TEMPORAIN » mystérieux ; car nous n'avons pas mission de défendre l'émigration polonaise, que l'auteur de la brochure poursuit de ses traits plus ou
moins acérés, en la représentant comme « *l'anarchie dans la personne des réfugiés polonais* (2) » ; nous
voulons seulement citer quelques extraits de ce
curieux pamphlet moscovite, qui reflète à mer-

____

(1) Chez Dentu. Paris 1868.
(2) L'émigration polonaise saura bien se défendre elle-même, si
elle le juge nécessaire.

veille l'opinion publique de la Russie et jette une grande lumière sur la *politique* et *les buts* actuels du cabinet de Saint-Pétersbourg.

Écoutons et instruisons-nous :

« On se fait de singulières *illusions* dans le monde,
« même le plus intelligent, de l'émigration polonaise.

« On se figure que l'empereur Napoléon *songe encore*
« à la Pologne, et qu'il a toujours le secret désir de la re-
« constituer.

« On va jusqu'à croire que l'Autriche céderait volontiers
« la Gallicie pour en faire, pour ainsi dire, *un noyau* de
« reconstruction, et que l'Angleterre est d'accord avec la
« France.

« Or il n'y a rien *de vraisemblable* (1) dans ces espé-
« rances des Polonais, pas plus que dans leurs hypothèses
« *au sujet de la politique de M. de Bismark.*

« Pour l'Angleterre, pour l'Autriche, pour la Prusse,
« pour la cour de Rome, la question polonaise *a cessé*
« *d'exister* (2).

« Il nous reste maintenant à constater *la nouvelle atti-*
« *tude* prise par le gouvernement français à l'égard des
« émigrés polonais eux-mêmes.

« La presse française propage depuis quelques-jours le
« bruit relatif à la résolution du gouvernement français de
« supprimer le subside annuel *de 100,000 francs* (3) attri-

---

(1) Le *vrai* peut quelquefois n'être pas *vraisemblable.* (BOILEAU.)

(2) Cela est bien vite dit; mais la preuve? *Sic volo, sic jubeo; sit pro ratione voluntas.*

(3) Le chiffre est *faux* comme tous ceux qui sont cités dans cette brochure : il s'agissait seulement de retrancher *un supplément* de 60,000 fr. *ajouté depuis 1863 pour remplacer les offrandes* des propriétaires polonais ruinés par l'insurrection.

« bué à l'école polonaise de Paris, ainsi que les secours
« pécuniaires qu'on donnait jusqu'ici *à l'anarchie dans la*
« *personne des réfugiés polonais,* ainsi que vient de s'ex-
« primer *le célèbre* M. Katkoff.

« Le bruit du retrait des subsides alloués aux émigrés
« polonais semble se confirmer, et la presse européenne
« croit (?) qu'à la prochaine discussion du budget français,
« les allocations affectées à ce sujet *seront supprimées.*

« Il faut donc supposer que, dans les sphères officielles
« de Paris, *on commence à juger sainement* la funeste
« *mystification* connue sous le nom de *question polo-*
« *naise;* car il est impossible d'admettre que cette sup-
« pression de subsides n'ait pas *une raison politique* (1).

---

(1) Quant à « *une raison politique* » d'une modification qui
s'est produite dans les relations extérieures du cabinet des Tuileries
et la « *vive satisfaction* » que cette « *évolution imprévue a causée à
Saint-Pétersbourg* », nous nous abstiendrons dans ce moment d'é-
mettre notre avis personnel. — Néanmoins nous constatons que les
articles des journaux officieux français traitant la question d'O-
rient sont « *d'une remarquable analogie* avec les idées exprimées
par le prince *Gortschakoff le 6 avril 1867,* dans son *memoran-
dum sur les réformes à introduire en Turquie* » communiqué à
M. de Moustier; que, de leur côté, les journaux officieux russes
payent leur tribu d'éloges à M. de la Valette; que, selon la presse
anglaise, la France et la Russie « *seraient en voie de s'entendre* »,
et l'on ajoute qu'à Berlin « *on se préoccuperait beaucoup de cette
éventualité* » ; enfin que les journaux officieux autrichiens, « *l'histoire en main* », démontrent que les intérêts de la France et ceux de la
Russie ont toujours été opposés sous le double point de vue politique et religieux; que « *les projets d'alliance franco-russe* »
n'ont jamais franchi la « *limite de la théorie* »... et qu'en pratique
« *ils ont inévitablement abouti à des luttes terribles* » !

Ce que nous voyons clairement, c'est le *résultat* de « *cette évolution imprévue* »... de la politique française; le résultat, c'est *le
rôle du prince Mentschikoff..,* que le général Ignatiew *prend en
ce moment à Constantinople !* — La conduite qu'il tient à l'égard

« Nous en appelons ici *au bon sens* et à l'impartialité
« des Français, et laissons la parole au *célèbre* M. Katkoff:

    — « Que dirait le gouvernement de Napoléon III si
    « le gouvernement russe *servait des pensions* à
    « MM. Victor Hugo, Louis Blanc, Félix Pyat,
    « Edgard Quinet, H. Rochefort, Rogeard, et autres
    « *ennemis du gouvernement impérial* (1)? Quels
    « cris les journaux pousseraient-ils et de quelle
    « *noble indignation* se ressentiraient les protesta-
    « tions qui nous arriveraient de Paris !
    « Ce système, fauteur du désordre, est aussi
    « contraire *à la dignité de la France et au bon*
    « *sens* (2) qu'il l'est aux convenances internationales.

---

des représentants des puissances occidentales, les *menaces* qu'il
adresse à la Turquie, les *encouragements* qu'il prodigue à la Grèce,
les *conseils* machiavéliques qu'il donne au cabinet d'Athènes, justement accusé de vouloir troubler la paix européenne... tout cela,
nous n'en doutons pas, fera que « *les théories* » du général Ignatiew, comme les appelle la presse de Vienne « *aboutiront en pra-*
tique à des luttes terribles !» Napoléon III, en laissant la Russie
se lancer en avant, démasque ses « *secrets projets qui redoutent*
le grand jour », et, en provoquant de sa part des *avances affectueu-*
ses pour la France, *il la compromet aux yeux de la Prusse.* C'est
là *le second acte* de la comédie dont *le premier* a été joué, en 1867,
avec l'aide de M. de Beust. La Russie, comme on le sait, *a payé la*
mise en scène... Évidemment le vénérable prince Gortschakoff *n'est*
plus d'âge à profiter des leçons du passé...

(1) L'admirable comparaison ! et que la similitude est complète
entre les « *ennemis du gouvernement impérial* » et les *débris*
d'une nation qui revendique son indépendance et « *ses droits* » !
Et puis... les hommes cités par le « *célèbre* » Katkoff ne détestent-
ils pas au moins autant le gouvernement russe que le gouvernement impérial ? Nous ne conseillons pas à M. Katkoff *de proposer*
« *des pensions* » à ces messieurs !...

(2) Les Français sont les meilleurs juges *de leur dignité* et ils
peuvent se passer du « *bon sens* » de M. Katkoff.

— « Ces *mesquines* manifestations *de stérile mau-*
« *vais vouloir* sont *indignes* d'un grand État.

« Si la France est persuadée que son honneur
« et son intérêt lui commandent de *nuire* à une
« autre puissance, *si elle se croit de force* à le faire,
« en dépensant le sang et l'argent des Français,
« qu'elle le fasse ouvertement et *loyalement*, qu'elle
« déclare la guerre à cet ennemi plutôt que de se
« livrer *à des machinations occultes!* »... (*Gazette*
« *de Moscou.*)

« Ce n'est pas du reste *au gouvernement actuel* qu'on
« doit reprocher d'avoir soutenu *l'anarchie dans la per-*
« *sonne des réfugiés polonais* (1); c'est à *l'opposition* qui,
« sous le règne de Louis-Philippe, fut la promotrice de la
« *politique de propagande.* — C'est elle qui réclama les
« subsides pour les réfugiés, blâma la politique pacifique
« et ne cessa, dix-huit ans durant, de demander une in-
« tervention en faveur de la Pologne et une guerre con-
« tre la Russie, guerre *contraire aux intérêts* de la
« France.

« Le gouvernement de Juillet accorda les subsides de-
« mandés; mais, par l'organe de ses plus habiles défen-
« seurs, il chercha à atténuer l'impression fâcheuse que
« cette allocation pouvait causer aux gouvernements co-
« partageants de la Pologne.

« La seconde république maintint les subsides aux ré-
« fugiés polonais.

---

(1) Quel changement de ton! La *Gazette de Moscou* insulte, *dé-*
fie la France, et le « contemporain » cherche à atténuer les insinuations assez peu aimables « *du célèbre M. Katkoff* ».

« Le gouvernement actuel, *pour suivre la tradition* (1),
« consacra aussi cette allocation.

« On le voit, c'est toujours depuis trente-sept années la
« même théorie : *l'or de la France affecté à la propa-*
« *gande des principes ;* trente-sept années *d'erreurs et de*
« *sophismes !...*

« Résumons la question :

« C'est donc depuis trente-sept années que *les émigrés*
« *polonais* (2) sont secourus par la France, et ils doivent
« *cette sinécure à l'inconséquence* d'un parti qui croit que
« *la mission de la France* est de soutenir *à ses risques*
« *et périls la propagande polonaise,* au lieu de chercher
« à vivre chez elle paisible, prospère et en bonne intelli-
« gence avec tous ses voisins.

« Aujourd'hui le parti *sincèrement libéral* répudie la
« politique de *propagande,* proclame le principe de non-
« intervention et revient à la politique d'intérêt. — C'est
« *M. Émile de Girardin* (3) qui est le *véritable promoteur*
« de cette réaction dans les idées du parti libéral qui
« adopte maintenant *la grande politique* (?), définie ainsi
« par *l'illustre publiciste :* paix, échange, circulation,
« crédit, raison, publicité, liberté, *réciprocité.*

« Depuis trente-sept années, les Français payent un
« impôt pour soutenir le parti polonais ; *cela fait le chiffre*
« *énorme* de 33,000,000 (?) francs.

« L'émigration polonaise en France n'a jamais dépassé

---

(1) Pour cela seulement ? En est-on bien sûr ? Ce que c'est que
d'être *dans le secret des dieux !*

(2) On dit plus bas que, sur 6,000 émigrés polonais, 1,000 *seule-*
ment recevaient des secours.

(3) *Similis simili gaudet !..*

« 6,000 individus, et, sur ce nombre, *il n'y en eut jamais*
« *plus* de 1,000 environ *qui eurent besoin de subsides*. Ce
« qui signifierait *que chacun* de ces 1,000 réfugiés a ab-
« sorbé en moyenne 27,750 francs (?), *soit annuellement*
« 750 *francs* (1).

« Jolie *sinécure!* Il n'y a donc pas lieu de s'étonner
« qu'on ait vu *des citoyens français* (?) écrire au ministère
« de l'intérieur pour solliciter *des emplois de réfugiés po-*
« *lonais !*

« En 1856, à la fin de la guerre de Crimée, l'empereur
« Alexandre II inaugura son règne glorieux (?) en accor-
« dant *une amnistie complète* (2) à tous les réfugiés et
« déportés polonais sans exception.

« L'émigration n'avait donc plus de raison d'être.

« On connaît aujourd'hui les tristes détails de la *mys-*
« *tification qu'on appela l'insurrection polonaise* de
« 1863 (3).

« Les prétendus *martyrs* de la cause polonaise ont été
« martyrs comme le sont aujourd'hui Monti et Tognetti,
« condamnés par la justice pontificale. Monti et Tognetti
« ont trouvé aussi leurs apologistes !

« Passons sur ces tristes événements. Nous avons es-
« quissé rapidement les principaux actes de l'émigration
« polonaise de 1831 à 1868.

---

(1) Les chiffres ci-dessus montrent *que chaque émigré polonais*
reçoit de la France 750 fr. de subsides annuels. La justesse cons-
ciencieuse de ce calcul moscovite prouve mieux que tous les rai-
sonnements de quelle façon la Russie *a coutume de régler ses bud-*
gets et sa statistique.

(2) A qui « *un contemporain* » fera-t-il prendre au sérieux *la*
comédie des amnisties moscovites ?

(3) On a « *mystifié* »... pendant deux années 50,000 soldats russes
mis hors de combat.

« La France reconnaîtra *qu'il est temps* qu'elle ouvre
« les yeux sur des hôtes si coûteux qui, hier encore, *se*
« *ralliaient aux intrigues antidynastiques* du parti ré-
« publicain français *en participant à la souscription*
« *Baudin* (1).

« Voici ce que dit M. Katkoff au sujet des subsides des
« réfugiés polonais :

—   « Nous savons qu'il existe une école politique
    « de Machiavel, d'après laquelle il est bon pour
    « un gouvernement d'avoir *à sa disposition des*
    « *moyens pour nuire* à un voisin et d'en profiter,
    « pendant qu'on est avec lui *dans de bonnes rela-*
    « *tions,* pour lui *dresser sous main des embûches*
    « et lui susciter des *dangers.* Espérons toutefois
    « que ces théories surannées ne seront pas mises
    « en pratique de nos jours.

    « Même le point de vue *le plus machiavélique*
    « conseillera d'adopter avant tout des mesures
    « sérieuses et sûres.

    « Il semblerait que *l'expérience de ces trente-*
    « *sept années* ait dû prouver à la France que *ces*
    « *coûteuses intrigues* en faveur des Polonais *n'ont*
    « *produit aucun effet contraire aux intérêts de la*
    « *Russie* (2).

    « Trois fois on a voulu arriver à Paris à *un*
    « *résultat :* en 1830, en 1848 et en 1863. — C'est

---

(1) L'habile tactique ! toutefois « *un contemporain* » ne joue plus
bien son rôle de *dénonciateur :* il aurait dû citer les noms de ces
émigrés et en donner le chiffre.

(2) Pourquoi donc alors ces *protestations* ? Par pur *désintéres-*
sement sans doute? On veut épargner une dépense à la France, que
l'on aime à Saint-Pétersbourg d'un amour tout *platonique* !..

    — « surtout en 1863 que tout fut monté afin *d'a-*
« *meuter* (1) l'opinion publique contre la Russie
« et d'organiser contre elle une coalition générale.
« Qu'en est-il résulté? *Rien, — si ce n'est un échec*
« *diplomatique pour la France!* » (*Gazette de*
Moscou.)

« Pendant les dix-huit années qui venaient de s'écouler,
« les chambres françaises avaient formulé à l'ouverture de
« chaque session un *vœu stérile* pour la Pologne. Les
« vœux d'un grand peuple sont *des dérisions* quand ils
« ne sont *qu'une voix sans geste* (2).

« Aucune puissance au monde ne serait capable de
« rétablir la Pologne telle que la réclament les Polonais.
« Ils veulent le rétablissement d'une Pologne qui serait
« le plus vaste État de l'Europe et s'étendrait de l'Oder
« au Wolga et de la mer Baltique à la mer Noire et au
« Danube !

« Que reste-t-il à faire?

« *C'est à la haute sagesse du Corps législatif français*
« *qu'il appartient de décider à cet égard!...* »

D'après les citations qu'on vient de lire, « un
contemporain » nous donne assez clairement à entendre que, selon lui, la question polonaise, qui
empêche la Russie de se reposer sur *ses lauriers,*
est la *maladie* chronique et séculaire de la vieille
Europe, mais qu'aujourd'hui, par bonheur, les
symptômes en sont devenus moins menaçants pour

---

(1) Le joli mot, appliqué aux Français ! « *Un contemporain* »
n'ignore pas que ce mot vient de *meute !* On n'est pas plus poli !

(2) « *Une voix sans geste* »! Des « vœux » qui sont « *une voix sans*
geste » ! Voilà un style ! *C'est le bout de l'oreille moscovite...!* .

le monde, depuis qu'on a découvert dans *le labo-ratoire moscovite... des remèdes sûrs et radicaux !...*

— « *Que reste-t-il à faire ?...* »,

demande *la faculté de médecine...* de Saint-Pétersbourg :

— « ... C'est à la haute sagesse du Corps législatif
« français qu'il appartient de décider à cet égard ! »

En vérité ? Quant à nous, nous l'avouons en toute humilité, nous aurions cru, malgré tout notre respect pour la représentation nationale, que, d'après la lettre et l'esprit de la Constitution, Napoléon III responsable devant la nation (encore, du moins jusqu'à ce jour) « *décidait* », gouvernait et dirigeait la France !

Nous nous étions trompé, et c'est la Russie *autocratique* qui nous tire de notre erreur. Oui, la chose est certaine !

Empruntant pour un instant la lumineuse « *Lanterne* » de M. de Rochefort, la diplomatie russe, inépuisable dans ses conceptions, a découvert un chemin *plus direct* et plus *commode* pour résoudre et terminer la question polonaise, — pour écarter cette éternelle pomme de discorde entre les deux dynasties des Romanow et des Bonaparte :

— « C'est à la haute sagesse du Corps législatif fran=
« çais qu'il appartient de décider à cet égard... »

nous déclare « UN CONTEMPORAIN » moscovite.

Eh bien, soit, nous y consentons! Mais, puisque le magnanime auteur de cette brochure, *admirateur* du gouvernement des Guizot, des Thiers, des Lamartine, après avoir proclamé *l'incompétence* de Napoléon III, en appelle au tribunal des représentants de la France et leur demande un arrêt de mort contre l'émigration polonaise affamée, qu'il nous soit du moins permis de jeter les yeux sur l'histoire pour y étudier cette question.

L'histoire? Mais l'auteur de cette brochure, *en qualité de Russe et de* « CONTEMPORAIN »... *n'a rien de commun avec l'ancienne Europe!* S'il regarde jamais dans *l'histoire du passé,* c'est avec les lunettes de Karamzine, d'Ustriatow, de Schmidt, de Berg et de Pogodine; il ne connaît d'autres *dates* que celles *du calendrier russe!...*

Aussi nous nous garderons bien *de remonter avec lui* jusqu'à l'époque qui précéda le christianisme et de nous appuyer sur des données tirées du temps des croisades. Non, pour répondre à la *jeune Russie...* nous lui citerons, dans l'espérance *d'être compris d'elle,* des extraits de la *très-moderne* histoire de M. Thiers : *le Consulat et l'Empire.* Voici le texte même de ce célèbre historien (1) :

« Mais ce qui, plus que tout le reste, *avait blessé* l'em-
« pereur Alexandre Ier, c'étaient les conditions de la paix

____

(1) Tome XI, livre XXXVII, p. 356, 357, 358, 361, 374, 376, 377, 378.

« conclue avec l'Autriche, et l'agrandissement de près de
« deux millions de sujets accordé au grand-duché de Var-
« sovie. — Il avait vu là *un présage certain du rétablisse-*
« *ment prochain de la Pologne,* et, pendant quinze jours,
« la cour de Russie avait retenti de cris violents contre la
« France, au point que M. de Caulaincourt osait à peine
« se montrer. — Le don à la Russie d'un lot de quatre
« cent mille sujets n'avait paru *qu'un leurre destiné à*
« *couvrir le rétablissement de la Pologne par la réunion*
« *de la Gallicie au grand-duché de Varsovie.*

« C'est dans cette situation que survint la demande
« de la main de la grande-duchesse Anne pour Napo-
« léon Ier que M. de Caulaincourt était chargé de faire à la
« cour de Russie. — Ayant reçu du 8 au 9 décembre
« 1809, le premier courrier de Paris, il ne put voir im-
« médiatement l'empereur Alexandre, qui était absent de
« Saint-Pétersbourg. — Il en obtint une audience dès son
« retour, et lui fit directement l'ouverture dont il était
« chargé. — L'empereur Alexandre ne nia point l'espèce
« d'engagement pris à Erfurt, qui l'obligeait à tenter un
« effort auprès de sa mère pour obtenir la main de la
« grande-duchesse Anne. — Il témoigna *le désir* et même
« la forte espérance de réussir ; seulement il voulait avoir
« du temps et la liberté de s'y prendre comme il l'enten-
« drait pour parvenir à ses fins. — Mais Alexandre n'a-
« vait cessé de se *plaindre et de demander des garanties*
« *contre le fâcheux avenir* (rétablissement de la Pologne)
« *qu'on lui laissait entrevoir.*

« On lui avait remis une lettre fort rassurante de Na-
« poléon, mais les déclarations contenues dans cette lettre
« n'étant, disait-il, *que des paroles,* il avait été obligé de
« demander « *de l'officiel* » (expression textuelle). — On

« avait consenti à lui en donner ; et M. de Caulaincourt,
« après de vives instances de sa part, avait été autorisé
« *d'une manière générale* à signer une *convention* relative
« à la Pologne. — *Il s'était laissé entraîner à en signer*
« *une,* qui devait être dans l'avenir *un lien des plus em-*
« *barrassants* pour Napoléon.

« Dans cette convention, il était dit que le royaume de
« Pologne ne serait jamais rétabli ; que les noms de Polo-
« gne et de Polonais disparaîtraient dans tous les actes et
« ne seraient plus employés désormais ; que le grand-
« duché ne pourrait s'agrandir plus tard par l'adjonc-
« tion d'aucune portion des anciennes provinces polo-
« naises ; que les ordres de chevalerie polonais seraient
« abolis.

« M. de Caulaincourt écrivit donc à Paris le 28 décem-
« bre 1809 que ses ouvertures (à la demande de la main
« de la grande-duchesse Anne) avaient été *parfaitement*
« *accueillies;* que tout en faisait espérer le succès ; que
« l'empereur Alexandre présentait *comme à peu près cer-*
« *tain* le consentement de sa mère, comme tout à fait
« assuré celui de sa sœur la grande-duchesse Catherine,
« et comme très-prochain le consentement général et offi-
« ciel de toute la famille impériale. — Néanmoins l'empe-
« reur Alexandre réclamait encore quelques jours pour
« s'expliquer d'une manière définitive. — *Il n'y avait*
« *donc pas de doute quant au consentement définitif;*
« *mais la convention relative à la Pologne* (qui n'était
« pas encore ratifiée) *était le motif manifeste qui retenait*
« *Alexandre.* — On était parvenu enfin, après des diffi-
« cultés de rédaction de tout genre, à s'entendre sur cette
« convention ; mais ce prince ne voulait pas s'engager,
« quant au mariage, *avant de tenir dans ses mains le*

« *prix essentiel de l'alliance*, c'est-à-dire la ratification
« de la convention *qui le délivrerait du danger de voir*
« *s'élever sur ses frontières un royaume de Pologne.* — Il
« avait demandé dix jours d'abord, puis il demanda dix
« jours encore et promit de s'être expliqué dans la seconde
« moitié de janvier.

« Napoléon était fort impatient de savoir à quoi s'en te-
« nir et déjà un peu blessé des lenteurs qu'on mettait à
« s'expliquer avec lui.

« On attendait avec impatience un courrier de Russie,
« lorsque, le 6 février, il arriva des dépêches de M. Cau-
« laincourt faites pour prolonger *l'incertitude* où l'on était
« depuis plus d'un mois et demi. — Le 16 janvier avait
« expiré le dernier délai de dix jours demandé par l'em-
« pereur Alexandre à M. de Caulaincourt. — Le 21, il
« n'avait pas encore répondu ; *évidemment il voulait ob-*
« *tenir la ratification du traité relatif à la Pologne avant*
« *de s'engager irrévocablement à accorder la main de sa*
« *sœur.*

« Après avoir lu les dépêches de M. de Caulaincourt,
« Napoléon fit appeler M. de Champagny, lui ordonna
« d'écrire à Saint-Pétersbourg et de déclarer le jour
« même à M. de Kourakin que les lenteurs qu'on mettait
« à lui répondre le déliaient de la *préférence* qu'il avait
« cru devoir à la sœur d'un prince *son allié et son ami,*
« et qu'il se décidait pour la princesse autrichienne.

« Quant *à la convention relative à la Pologne,* il s'ex-
« pliqua d'une manière *qui dénotait mieux à quel point*
« *le désir de se soustraire aux exigences* qu'on voulait lui
« imposer *influait sur le choix qu'il venait de faire.*

— « Prendre (dit-il) l'engagement absolu et géné-
    « ral *que le royaume de Pologne ne sera jamais*

— « *rétabli* est un acte *imprudent* et *sans dignité*
« de ma part ; c'est me demander *une chose*
« *impossible, déshonorante*, indépendante d'ail-
« leurs de ma volonté.... Quant à la *suppression*
« des mots Pologne et Polonais, c'est *une barbarie*
« *que je ne saurais commettre*. Je puis — dans les
« actes diplomatiques — ne pas employer ces mots ;
« mais il ne dépend pas de moi *de les effacer de la*
« *langue des nations !* Quant à la suppression des
« anciens ordres de chevalerie polonais, on ne
« peut y consentir qu'à la mort des titulaires ac-
« tuels, et en cessant de conférer de nouvelles dé-
« corations. Enfin, *quant aux agrandissements*
« *futurs* du duché de Varsovie, *on ne peut se les*
« *interdire qu'à charge de réciprocité et à condi-*
« *tion* que la Russie *s'engagera à ne jamais ajou-*
« *ter à ses États aucune portion détachée des an-*
« *ciennes provinces polonaises.* — Sur ces bases,
« (ajoutait Napoléon), je puis consentir à une con-
« vention ; *mais je ne puis en admettre d'autres.* »

« En conséquence il fit rédiger *un nouveau texte* con-
« forme aux observations que nous venons de rapporter,
« et ordonna à M. de Champagny de l'expédier sur-le-
« champ.

« Tout cela évidemment *devait être plus tôt ou plus tard*
« *la fin de l'alliance et l'origine d'une brouille fatale !* »

Ainsi, nous le voyons, c'est la *question polonaise*
qui a causé la rupture des négociations engagées
relativement à un mariage projeté entre Napoléon Ier et une princesse russe ; et, par suite, c'est

cette-question qui a amené entre les Tuileries et Saint-Pétersbourg « *la brouille fatale* » dont parle M. Thiers, qui eut pour *résultat* la campagne de 1812 *et la chute du premier empire.*

Napoléon III, à son tour, jugea un jour à propos de prendre en main la cause de la Pologne. C'était pendant la guerre de Crimée, avant la prise de Sébastopol : l'ambassadeur français à Londres reçut l'ordre de sonder à cet égard les intentions du cabinet de Saint-James ; et bientôt M. Drouyn de Lhuys, dans sa note du 26 mars 1855, fit remarquer à l'Angleterre que l'empereur Alexandre Ier, au congrès de Vienne, avait reçu les provinces polonaises des mains des puissances européennes, « *en s'engageant réciproquement à remplir certaines conditions* » et à se borner dans de certaines limites, qui étaient pour l'Europe une garantie de paix et de sécurité ; que ces conditions « *n'avaient pas été tenues* », que ces limites avaient été franchies par la Russie. — L'Europe, ajoutait-il, s'est contentée à plusieurs reprises de *protestations diplomatiques,* de peur d'exposer la paix générale ; mais, — puisque la paix a été troublée par la faute de la Russie, — la France juge présentement à propos de « *rappeler les promesses et les engagements* » d'Alexandre Ier et d'élever la question polonaise « *à la hauteur d'une question d'intérêt européen* ».

A cette ouverture, lord Clarendon répondit

qu'une pareille démarche de la part des puissances européennes, dans le moment et les circonstances actuelles, « *serait impraticable et impolitique* ».

Sans se laisser décourager par ce premier échec, Napoléon III renouvelle ses ouvertures. M. Walewski, dans sa dépêche du 15 septembre 1855, insiste auprès de l'Angleterre et demande que la *conclusion de la paix* avec la Russie *dépende de la rétrocession à la Pologne des droits* qui lui furent garantis par les traités de 1815.

Cette deuxième tentative ne fut pas plus heureuse que la première.

Il est hors de doute que, malgré cette double déroute diplomatique, Napoléon III était décidé à passer outre... mais la chute de Sébastopol, la mort de l'empereur Nicolas et le projet de reconstituer une Italie libre depuis les Alpes jusqu'à l'Adriatique remirent pour quelque temps la question polonaise au second plan.

En 1863 la France intervient diplomatiquement, et le 5 novembre Napoléon III prononce ces paroles mémorables :

— « Il m'a fallu croire la cause polonaise *bien po-*
« *pulaire* en France *pour ne pas hésiter à com-*
« *promettre une des premières alliances du conti-*
« *nent* et à élever la voix en faveur d'une nation,
« rebelle aux yeux de la Russie, *mais aux nôtres*

— « *héritière d'un droit inscrit dans l'histoire et*
« *dans les traités!* — Néanmoins cette question
« *touchait aux plus graves intérêts européens,*
« elle ne pouvait être traitée *isolément par la*
« *France.* »

Sans doute; mais c'est là *l'opinion... de Napoléon III seulement...* et pour un Russe « CONTEMPO-
RAIN » elle n'a *aucun sens, aucune portée;* la Russie a
refusé aux BONAPARTES toute *compétence* et tout droit
de parole dans cette affaire...

— « ... C'est à la haute sagesse du Corps législatif
« français qu'il appartient de décider à cet égard. »

Mais le passage le plus curieux de cette brochure est sans contredit la *conclusion* que nous citons textuellement :

— « ... Si les chambres françaises et... le gouver-
« nement *se prononçaient ouvertement contre la*
« *question polonaise,* la France obtiendrait *l'al-*
« *liance de la Russie;* alliance qui lui sera *si né-*
« *cessaire quand* NAPOLÉON IV (!!!) *continuant*
« *l'œuvre* (?) *de son auguste père.... voudra réta-*
« *blir les frontières naturelles de la France !* »

Ainsi, nous le voyons, la Russie, *ne pouvant s'entendre* dans la question polonaise avec Napoléon Iᵉʳ,
l'enterra vivant dans l'île de Sainte-Hélène; non
moins malheureuse dans ses efforts et ses intrigues
sous le second empire, elle s'écrie avec désespoir :

— « On le voit, *c'est toujours la même théorie...*
« l'or de la France affecté à la propagande des

— « principes. *Trente-sept années d'erreurs et de*
« *sophismes!...* »
' « *Que reste-t-il à faire?* »

Cela va de soi : suivre le sage conseil d'un Russe
« CONTEMPORAIN », ne se préoccuper ni de Napoléon III ni de ce gouvernement coupable de
« *trente-sept années d'erreurs et de sophismes* » et frap-
per directement à la porte du Corps législatif, en
offrant à la France napoléonienne, en échange
d'un arrêt de mort contre la Pologne crucifiée,
agonisante au milieu des ruines, quoi?... *l'alliance
moscovite!*

Oh! la bonne, la brillante affaire! Ce n'est pas
chose à dédaigner que cette alliance, bien que
le 5 novembre 1863 l'empereur « *en n'hésitant pas à
la compromettre* » ait manifestement *méconnu la valeur* pour la France d'une si précieuse acquisition.

Hélas! c'est encore là sans doute « *une des fautes
commises!...* » Mais par bonheur tout n'est pas
perdu, et Napoléon III peut encore réparer sa
« *faute* » aujourd'hui en tendant une main amie
à l'empereur Alexandre II *sur le tombeau de la Pologne*, dont il a dit lui-même :

— « La Pologne, *cette sœur de la France, tou-*
« *jours si dévouée, toujours si magnanime, peut*
« *espérer une prochaine résurrection* (1)!... »

---

(1) *Des Idées Napoléoniennes*, p. 168.

L'alliance franco-russe signée *sur la fosse d'un peuple ami, enterré vivant*, en vérité ce serait là un magnifique spectacle qui, s'il faut en croire l'honorable M. Thiers, procurerait à Napoléon III « *la bonne, la vraie popularité* »!... Soit, mais nous demandons quels *avantages*, quelles *acquisitions*, cette alliance donnerait à la France?

« *Les frontières naturelles* », les provinces rhénanes !

Voilà donc la Russie *prête à sacrifier M. de Bismark, à démembrer la Prusse*... du moins c'est ce que nous assure solennellement un Russe « CONTEMPORAIN » dans sa brochure *profondément diplomatique*...

Nous ne demandons pas mieux que de le croire; nous dirons plus, nous avons la conviction que M. de Bismark, qui connaît de longue date la politique égoïste et perfide du cabinet de Saint-Pétersbourg, appréciant d'ailleurs, ainsi qu'il doit le faire, l'amitié *équivoque* et la prétendue *bienveillance* de la Russie, — croit, comme nous, que le prince Gortschakoff *serait capable de sacrifier* la sécurité et les intérêts de la Prusse. D'ailleurs ce ne serait pas chose nouvelle ni imprévue; à Berlin on n'a oublié ni les sages prévisions du grand Frédéric, ni l'entrevue d'Olmütz, ni la journée de Francfort, ni la question du Luxembourg!... En contemplant les armements gigantesques de la France, en suivant de l'œil les intrigues panslavistes de la Russie, surtout en présence de *l'entente* qui paraîtrait vouloir s'établir entre les gouvernements français et russe relativement à la question d'Orient, M. de Bismark ne doit-il pas « *se préoccuper d'éventualités* » analogues à la célèbre *entrevue de Tilsitt ?...* C'est peut-être même pour écarter *le danger* qui semble menacer en ce moment la Prusse que le roi Guillaume Ier et son « *prévoyant* » ministre ont changé subitement de ton à l'égard de la France et prodiguent à l'envi les assurances *les plus pacifiques...*

La Russie, pour en finir avec la Pologne et dans l'espoir d'obtenir pour ses projets en Orient *la connivence* du cabinet des Tuileries, ne demande pas mieux que de lui livrer les provinces rhénanes, — c'est évident ; il est même possible que les partisans de la « *politique du bon sens* » verraient, à ce prix *modique...* une *bonne affaire* pour l'Empire dans l'acquisition de la rive gauche du Rhin ; mais quelle *brillante perspective* pour l'empereur Napoléon III, à qui l'*on vient chanter à sa barbe* que c'est sur *sa tombe seulement que fleuriront et mûriront les fruits précieux* de cette honorable alliance russe :

> — « ...*quand* NAPOLÉON IV (!), *continuant l'œuvre* de
> « son auguste père, *voudra rétablir les frontières*
> « *naturelles de la France !* »

Ainsi donc, lorsqu'elle vient, réclamant *un arrêt de mort* contre cette *vieille Pologne* qui date d'il y a mille ans, *la jeune Russie*... à peine sortie des ténèbres de l'ignorance et de la barbarie, ne trouve rien de mieux *que de négocier avec le* PETIT PRINCE IMPÉRIAL...

Chut! laissons-les s'amuser, *ces enfants*...

Il faut bien que jeunesse se passe!...

IX.

IL N'Y A PAS POUR LA FRANCE

DE COMPENSATIONS POSSIBLES

SUR LE RHIN.

IX.

IL N'Y A PAS POUR LA FRANCE
DE COMPENSATIONS POSSIBLES
SUR LE RHIN.

En 1863, dans une brochure publiée par nous sous ce titre : *la Paix de Villafranca, son influence sur les affaires européennes* (1), nous examinions le but et les résultats de la guerre de Danemark, et nous écrivions à la page 30 le passage qui suit :

—   « L'Autriche combattant en Danemark pour con-
« quérir, puis *annexer à la Prusse les provinces* et
« les ports du Slesvig-Holstein ; l'Autriche *épou-*
« *sant l'intérêt de la Prusse* et conquérant *pour la*
« *Prusse* les duchés en question ; l'attitude dans
« toute cette affaire de la France *qui contribue au*
« *démembrement de la monarchie danoise ;* la let-
« tre de l'empereur Napoléon au duc d'Augusten-
« bourg ; la flotte autrichienne dans la mer du
« Nord ; le voyage du roi Guillaume dans les du-
« chés, et *le principe du suffrage universel* dans

---

(1) A Bruxelles, chez Sigismond Gerstmann, 1864.

— « ces mêmes duchés *proposé* par la France aux
« conférences de Londres *et accepté par la Prusse;*
« l'entrée de lord Clarendon dans le cabinet; sa
« mission diplomatique à Paris; et cent autres
« faits semblables sont, à notre avis, la *preuve*
« *irréfutable* d'une entente secrète de la france
« avec la prusse. »

« Le roi de Danemark, au lieu d'un sceptre
« (dans les duchés de l'Elbe), ne tient plus à la
« main qu'un *parapluie*..... à l'abri duquel Na-
« poléon III *organise le congrès européen*, con-
« grès dont le but est *de coaliser l'Europe contre*
« *la Russie.*

« Nous concluons :

« 1° L'Autriche *renonçant* dans l'avenir, en fa-
« veur de la Prusse, à sa position et à son influence
« en Germanie ;

« 2° L'Autriche *renonçant*, dans l'avenir, en
« faveur de l'Italie à la Vénétie ;

« 3° L'Autriche, *en échange de ces concessions,*
« placée à la tête des Slaves de l'Est, et peut-être
« tenant un jour en main les clefs des Darda-
« nelles...

« Voilà le puissant *édifice du nouvel équilibre*
« *européen*, voilà l'arche d'alliance, de concorde et
« d'union : voilà la meilleure garantie de la liberté
« des peuples, de la civilisation, du progrès; voilà *la*
« *paix générale et le désarmement universel.*

« On peut nous objecter aujourd'hui (1863) que
« ce programme est tracé trop hardiment, dans
« des dimensions *trop colossales;* soit, mais il
« faut avouer que la grandeur de l'œuvre ne dé-

— « passe pas les forces et la puissance de CELUI
« devant le génie et l'étoile duquel des millions
« d'hommes courbent aujourd'hui la tête ! Nous
« le répétons donc : *la paix de Villafranca* est,
« d'après nous, *la clef de l'alphabet secret* qui a
« servi à inscrire *les futures destinées des nations*
« *et à arrêter la future carte de l'Europe !* »

Lorsqu'en 1863 nous écrivions ces paroles, que *trois ans plus tard* le traité de Prague *changeait* pour la plupart *en faits accomplis*, nous prouvions suffisamment qu'un coup d'œil consciencieux jeté sur le passé et une étude logique du présent permettent de tirer *pour l'avenir* des conclusions certaines et, pour ainsi dire, infaillibles, sans qu'on soit initié aux mystères des cabinets, ni familiarisé avec les détours de la diplomatie. Pour ne pas s'égarer, il suffit d'une indication, d'un *seul guide;* et ce guide, c'est *la politique du gouvernement français.*

Napoléon III, quoi qu'on dise partout du mystère dont il entoure ses plans et ses actes, est si *logique* dans chacun de ses pas en avant, si *conséquent*, nous dirons même si *ouvert* et si *franc;* il marche toujours si droit dans la direction tracée, une fois *dévoilée à tous*, il se conforme à son programme avec une force et une persévérance si inébranlables qu'il suffit, en croyant à sa mission providentielle et en comptant sur les forces de la France, de suivre avec attention le cours des événements pour calculer avec une précision presque

mathématique les conséquenees des faits qui s'ac-
complissent.

Chaque mot sorti de la bouche ou de la plume
de l'empereur des Français, toutes ses notes diplomatiques et toutes ses allocutions portent le même
caractère. — Elles paraissent inexplicables, inintelligibles, amphibologiques à ceux qui ne cher-
chent qu'à appliquer ses paroles *aux situations
politiques du moment*, au lieu d'avoir sans cesse
devant les yeux *le but principal* vers lequel il tend
et qui est *toujours et partout en harmonie avec son
programme entier*.

    —   « Il y a des hommes qui ne peuvent pas re-
    « culer — qui n'en ont pas le droit !.... »

Aussi le voyons-nous toujours, avec une inépuisable énergie, tendre, plus ou moins vite selon les
obstacles et les difficultés qu'il rencontre, au but
qu'il s'est marqué d'avance. Quand il s'y voit
forcé, *il s'arrête* pour un temps, — mais *jamais
il n'a reculé*.

Napoléon III a créé une nouvelle école diplomatique, et c'est pour cela qu'il a souvent trompé
les plus habiles lutteurs (formés sur le modèle
des Metternich, des Talleyrand, des Palmers-
ton et des Nesselrode); car ceux-ci, habitués à
se servir de leur langue ou de leur plume
pour déguiser leur pensée, accoutumés à lire
entre les lignes, — ne pouvaient admettre *la*

franchise ; dans chacune de ses démarches faites ouvertement, ils apercevaient des tendances et des buts cachés (tout à fait opposés à ceux qu'on leur révélait); ils s'égaraient ainsi dans les chemins de traverse et perdaient sa véritable trace.

L'empereur Napoléon a adopté la ligne *directe* parce qu'il savait bien qu'on le guetterait, qu'on le traquerait sur tous les chemins *tortueux...*

De même que, dans la nature, tout objet de grandes dimensions doit être vu à une certaine distance pour que le regard humain puisse l'embrasser tout entier, le définir et le juger véritablement, — de même la grandeur réelle du souverain actuel de la France ne sera appréciée à sa juste valeur que par les âges futurs, que par la postérité!

C'est pour cela que nous comprenons toutes les différences d'opinion et de manière de voir ; chacun a le droit *d'être aveugle,* si bon lui semble, mais toujours dans de certaines limites...

Le monde, qui juge d'après les faits, d'après les actes accomplis, — étonné des obstacles, des difficultés, des barrières réputées insurmontables, franchies ou brisées en si peu de temps par Napoléon III, s'humilie involontairement et courbe la tête devant lui! Mais d'autre part quel contraste frappant quand il s'agit de *l'avenir!...* alors on estime le monarque, on le taxe, on le mesure à la taille des hommes ordinaires.

Et cependant celui qui a pu parcourir si vite un si grand espace... n'a-t-il pas donné les meilleures garanties d'une prompte réussite, d'un rapide acheminement vers le but définitif?

On attribue à l'Empereur des Français un orgueil et une ambition immenses, et l'on refuse de comprendre que, n'y eût-il que cette raison, c'en est assez pour qu'il poursuive forcément des buts d'une grandeur également colossale et gigantesque!

On lui reproche de ne penser qu'à affermir sa dynastie sur le trône de France, et l'on ne veut pas voir que l'homme, qui renverse et élève les trônes, qui détruit et anéantit les traités fondés sur les serments les plus solennels des monarques européens, a dû réfléchir et se convaincre qu'il n'aura mis *en sûreté* sa propre dynastie que le jour où le monument de Napoléon III, dans *l'histoire du monde,* pourra *dépasser en hauteur la colonne Vendôme...* comme étant le symbole de la *paix durable et universelle,* de l'indépendance et de la *liberté des peuples!...*

Nous ne comprenons donc pas, nous ne pouvons accepter tous les reproches, toutes les plaintes dirigés, surtout depuis quelques années, avec tant d'amertume et de persistance, contre le gouvernement. Nous ne nous étonnons pas de voir les ennemis de la France censurer sa politique et outrager à *dessein* l'imposante grandeur du chef de l'État; ceux-là en ont le droit, car ils ont leur *but personnel.* Avec toute la presse moscovite,— avec les Katkoff, les Pawliszczeff, les Pogodine *e tutti quanti*, nous ne disputerons pas sur cette question : ils sont dans leur *rôle,* ils flairent et pressentent le danger... Mais ceux que nous ne comprenons pas, ce sont ceux qui se lamentent de bonne foi sur « *la vieillesse prématurée, la décadence physique et l'épuisement intellectuel* » d'un homme entre les mains duquel repose le sort de tant de peuples, et qui, le 5 novembre 1863, a mis à l'ordre du jour des affaires européennes l'*affranchissement de l'humanité opprimée et persécutée !...*

Les jugements intempestifs de ce genre, malheureusement si fréquents dans les colonnes de la presse progressiste, libérale et démocratique, ont, d'après nous, je ne sais quoi de *criminel :* ils sapent toute espérance d'avenir, ils enlèvent sous les pieds des peuples condamnés au martyre leur dernière planche de salut, *car les réduisant au désespoir ils les tuent moralement !*

Napoléon III a dit :

> « Le génie de notre époque n'a besoin que de la « *simple raison.* — Il y a trente ans, il fallait *deviner;* maintenant il ne s'agit que de *voir juste.* »

Nous ne nous sentons pas de force à juger celui

que les siècles sauront dignement apprécier, et si nous nous flattons d'avoir « *deviné* », en dépit de la faiblesse de notre vue, *le but élevé et sublime*, vers lequel il se dirige, c'est précisément parce que, n'appartenant pas à la race des diplomates, nous n'employons dans nos recherches et nos appréciations que « *la simple raison* ».

C'est de la volonté nationale et des mains du peuple que Louis Bonaparte a reçu la couronne impériale. L'honneur de la France, son intégrité, sa puissance, sa sécurité et, jusqu'à un certain point, son avenir lui ont été confiés ; il est donc *responsable*, de son vivant, devant la nation qui l'a choisi, comme il sera après sa mort responsable devant l'histoire et la postérité.

On lui reproche d'avoir concentré en ses mains tous les fils de l'administration, de gouverner *trop arbitrairement*, sans avoir égard aux continuelles réclamations d'une nation impatiente et mobile, qui se plaint du manque de liberté et réclame la décentralisation du pouvoir.

D'accord ; mais, en échange, n'est-ce pas un merveilleux spectacle que celui de l'énergie infatigable, surhumaine et de la persévérance avec laquelle l'Empereur, véritable pilote de l'État, dirige tous les mouvements de la France ? N'y a-t-il pas lieu d'admirer le trésor de raison, de pénétration et de tact que renferme cette seule tête, qui, au milieu des tempêtes, des cataclysmes et des complications politiques, sachant éviter à son honneur les plus redoutables écueils, fait sortir victorieusement l'Empire des situations les plus critiques, et le pousse ensuite sur un vaste océan *de gloire et de prospérité?*

La France *a-t-elle en ce moment le droit de réclamer* un gouvernement tout à fait libéral et constitutionnel ?

Tout monarque placé à la tête d'un pays, régi par la constitution même la plus libérale, peut demander le pouvoir absolu, *lorsque, menacé d'une guerre extérieure, ce pays est en danger.*

Nous en avons eu un exemple en 1866 : l'Italie, se pressant sous les drapeaux de Victor-Emmanuel, *son roi-soldat,* son héros populaire, a déposé entre ses mains, avec une confiance qui fait également honneur au prince et aux sujets, tous ses droits et la destinée de la patrie, en proclamant la dictature monarchique. Cette mesure était-elle de la part du parlement italien un aveu d'impuissance et de minorité politique? En aucune façon.

La France, en appelant au trône impérial la dynastie des Bonapartes *honteusement exclue* par les traités de Vienne, a jeté le gant à toute l'Europe *féodale* et l'a provoquée à une lutte à outrance. Est-ce qu'en arborant sur ses drapeaux les

aigles de Waterloo et la devise « *liberté des peu-*
ples » la nation française n'a pas déclaré la guerre
simultanément à tous les monarques « *de droit*
divin »? Est-ce que chaque citoyen français, en
déposant son vote dans l'urne, — en proclamant
Napoléon III, n'a pas proclamé *par-là même de sa*
bouche d'homme libre l'état de siége exceptionnel de la
patrie? Ne s'est-il pas inscrit sur la liste *des dé-*
fenseurs armés de l'idée bonapartiste? Est-ce que le
peuple français, en déposant *sur l'autel de la liberté*
des peuples opprimés l'offrande *volontaire* de ses
droits et de ses libertés personnelles, n'a pas remis entre les mains *du chef suprême* représentant la
France un pouvoir *provisoirement illimité?*

Parce que l'état *anomal* où se trouvait, *où se*
trouve encore la France, a duré plus de seize ans,
ce n'est pas une raison suffisante pour que la nation *ait le droit*, dès aujourd'hui, d'exiger de l'Empereur une abdication *complète* de l'autorité qui
lui fut confiée à dessein et *volontairement*.

Qu'on nous dise ce qu'a été en réalité la période
qui s'est écoulée depuis l'avénement de Napoléon III, sinon une guerre continuelle, incessante!
Le glaive de la France combattant glorieusement
pour la défense *d'une noble idée* s'est-il reposé
une minute, est-il resté un seul instant inactif?
Vainqueur en Crimée et à Solférino, ne combat-il
pas... à Düppel, à Sadowa, à Kœnigsgrætz, à Ni-

colsbourg, à Prague, en Vénétie, en Roumanie, en Hongrie, en Gallicie?...

M. de Bismark n'a-t-il pas dit au parlement allemand en 1866 :

> — « La France *a prouvé* récemment *que sa voix et*
> « *sa plume — ont la même force et le même poids*
> « *que ses armes* dans la balance des événements
> « européens ! »

N'a-t-on pas vu des nations écrasées depuis des siècles, recouvrant subitement les droits qui leur étaient contestés, bénir *dans la langue de leurs pères* le triomphe et l'héroïsme de la France? — Et c'est cette France qui aurait le droit de blâmer et de méconnaître le monarque *qu'elle s'est donné*, parce que, au prix de ses libertés *momentanément* enlevées, il brise les chaînes de millions d'hommes *et fait en son nom le bonheur de l'humanité?....*

Napoléon III a dit :

> — « Lorsqu'un pays *est en guerre avec ses voisins* et
> « qu'il renferme encore dans son sein des parti-
> « sans de l'étranger, il faut vaincre les ennemis
> « *et se faire des alliés sûrs avant que la liberté soit*
> « *possible* (1). »

Voyons donc si la nation française a le droit de demander pour elle une franchise illimitée, des mi-

---

(1) *Des Idées Napoléoniennes*, p. 39.

nistres responsables, la complète émancipation de la presse et la liberté individuelle, tant qu'à l'intérieur les passions des partis ne sont pas éteintes, et qu'à l'extérieur les Gortschakoff lui lancent impunément à la face « *d'insultants* » défis diplomatiques !

L'Empereur a-t-il le droit de ne penser, de ne travailler *exclusivement* qu'au développement intérieur des institutions libérales du pays lorsque ce pays *est à la veille d'un sanglant conflit* avec un ennemi redoutable, puissant, toujours en armes et à demi barbare ? Le souverain est-il obligé, *en ce cas*, de justifier devant les chambres ses intentions, sa politique, ses projets ? Peut-il soumettre chacun de ses mouvements au contrôle rigoureux d'une discussion publique, sans exposer les affaires de l'État à un danger certain ?

Napoléon III comprend mieux que personne la nécessité et *les bienfaits de la véritable liberté* d'une nation, et en voici la preuve dans ses propres paroles (1) :

> — « La liberté est comme un fleuve ; pour qu'elle
> « apporte l'abondance et non la dévastation, il faut
> « qu'on lui creuse *un lit large et profond*. Si,
> « dans son cours régulier et majestueux, elle reste
> « *dans ses limites naturelles*, les pays qu'elle tra-
> « verse bénissent son passage ; mais si elle vient

---

(1) *Des Idées Napoléoniennes*, p. 37.

— « comme un torrent qui déborde, on la regarde
« comme le plus terrible des fléaux ; elle éveille
« toutes les haines, et l'on voit alors des hommes,
« dans leur prévention, repousser la liberté, parce
« qu'elle détruit, comme si l'on devait bannir le
« feu parce qu'il brûle, et l'eau parce qu'elle
« inonde. »

Puis, passant de ces considérations générales
à l'examen de ce qu'on appelle le despotisme du
premier Empire, il ajoutait :

— « La liberté, dira-t-on, n'était pas assurée par
« les lois impériales ! Son nom n'était pas, il est
« vrai, en tête de toutes les lois, ni affiché à tous
« les carrefours ; *mais chaque loi de l'Empire en
« préparait le règne paisible et sûr* (1). »

Nous le voyons par ce qui précède, Napo-
léon III, *contraint par les circonstances,* tire à lui les
rênes d'une main ferme et inébranlable, et retient

____

(1) Nous appellerons l'attention des lecteurs sur le discours prononcé au Sénat le 5 février 1869 par M. de Maupas au sujet de la
responsabilité ministérielle, et sur les paroles suivantes de Napoléon III :

« On a dit que Napoléon Ier était un *despote.* Sa puissance avait,
« il est vrai, toute la force nécessaire *pour créer ;* elle était en pro-
« portion *de la confiance que le peuple avait en lui. Mais ce qu'il
« est surtout utile de remarquer,* c'est que l'Empereur prononçait
« souvent *ces paroles mémorables :* « Je ne veux pas que ce pou-
« voir *reste à mes successeurs,* parce qu'ils pourraient en abu-
« ser. »...

« L'Europe *napoléonienne* fondée, — Napoléon Ier *eût consolidé
« la liberté* en France... » (*Des Idées Nap.,* p. 109, 110, 148.)

ainsi la nation qui s'impatiente ; mais en revanche, de l'autre main, il élève pour la France, sur des fondements durables « *un édifice* » de grandeur et de gloire, qu'il prétend bien « *couronner* » un jour par des *institutions libres, éclairées et vraiment constitutionnelles.*

Toutefois, si nous voyons avec quelle inépuisable persévérance l'Empereur consacre tous les instants de sa vie à un travail consciencieux, à des études approfondies pour donner à la France *aisance et sécurité,* — pour lui assurer dans le monde une situation *digne d'elle ;* si, en propageant l'instruction, en exploitant toutes les *sources* de richesse nationale, en concluant des traités de commerce, en protégeant les associations, en ouvrant de nouvelles voies de communication, en dépensant des milliards pour l'utilité publique, en donnant du travail et du pain aux classes laborieuses de la société, dont il relève par là le niveau moral, ce souverain est arrivé en si peu de temps à de si étonnants résultats.... nous reconnaissons néanmoins que *momentanément* la situation *extérieure* de l'Empire, par suite des événements d'Italie et d'Allemagne, est devenue intolérable *et semble donner raison* à des récriminations justes en apparence, aussi bien de la part de la représentation nationale que de l'opinion publique et de la presse indépendante.

La nation, en dépit des *habiles argumentations* et des discours éloquents de MM. les ministres, croit sentir et voir que le pays a perdu en force et en influence relativement aux autres puissances européennes, qui n'ont fait que croître et s'agrandir.

Là-dessus nous n'avons rien à dire, et bien que nous soyions certains *qu'en réalité* la France *n'a jamais été plus forte et plus puissante qu'à l'heure qu'il est,* puisque, *appuyée sur des alliances naturelles,* elle parle en maîtresse dans le conseil des puissances continentales ; néanmoins, tant que le gouvernement impérial *cache son jeu,* et conduit la nation *les yeux bandés* et sans lui rien dire, il est fort naturel qu'elle veuille savoir *où on la conduit...*

L'unité italienne est aujourd'hui un fait accompli et, selon nous, *Napoléon III, de concert avec M. de Bismark, a jeté à Prague les fondements de l'Empire d'Allemagne.*

La formation sur les frontières de la France de deux États si puissants peut-elle être pour les Français une chose indifférente ? N'ébranle-t-elle pas l'équilibre européen ? La France n'a-t-elle pas perdu sa force morale, son influence, sa prépondérance — et son droit de parler ? N'est-elle pas descendue, en apparence, du haut rang qu'elle tenait précédemment ?

La chose est si évidente qu'elle n'a pas besoin

de démonstration, et c'est pour cette raison que personne ne prend au sérieux la nouvelle carte stratégique *coloriée*, tracée et exposée en public par l'ordre du gouvernement français, dans le but de démontrer que, depuis 1866, l'Allemagne est moins menaçante et moins redoutable pour l'Empire qu'elle ne l'était avant la bataille de Sadowa.

Pour rétablir l'équilibre rompu, pour placer la France *à la tête de l'Europe*, pour lui donner une position conforme à l'accroissement des États qui, sur ses frontières, fondent leur unité, l'Empereur a le droit *et le devoir* de réclamer des compensations *territoriales « équitables »*.

Reste à savoir quelles sont, quelles peuvent être ces compensations.

Nous avons là-dessus un renseignement précieux dans la circulaire de M. de la Valette en date du 16 septembre 1866 :

— « Le gouvernement impérial comprend, a compris
« *les annexions* commandées par une *nécessité* ab-
« solue, réunissant à la patrie des populations *ayant*
« *les mêmes mœurs, le même esprit national que*
« *nous*, et il a demandé au *libre consentement* de la
« Savoie et du comté de Nice le rétablissement de
« nos frontières naturelles. La France *ne peut dé-*
« *sirer que les agrandissements territoriaux qui*
« *n'altéreraient pas sa puissante cohésion;* mais
« elle doit toujours travailler à son agrandissement

    — « moral et politique, en faisant servir *son in-*
    « *fluence aux grands intérêts de la civilisation.* »

Nous nous demandons s'il y a faire sur les frontières de la France des annexions *de cette nature ;*
et en cas d'affirmative, *si elles sont possibles dans des
proportions assez larges* pour payer suffisamment la
France de ses sacrifices, — pour *contre-balancer* les
agrandissements de l'Italie et de l'Allemagne ?

Nous répondons sans hésiter :

Non, il n'y en a pas !

Là où Napoléon Ier, pour augmenter la puissance
de l'Empire, est allé conquérir la couronne de fer
du royaume d'Italie, Napoléon III n'a vu de possible que l'annexion de Nice et de la Savoie, conforme au principe des nationalités, et constituant

    — « ... *un agrandissement territorial qui n'altérait*
    « *pas la puissante cohésion de la France* ».

Si Napoléon Ier conservait de force les provinces
du Rhin dans l'ensemble de ses États, Napo-
léon III peut-il désirer

    — « ... *la réunion à la patrie de populations n'ayant*
    « *pas les mêmes mœurs et le même esprit national*
    « *que nous ?* »

A la vérité, le souverain

    — « ... *comprenant les annexions commandées par*
    « *une nécessité absolue* »,

c'est-à-dire pour le rétablissement des frontières

naturelles de la France, pourrait à bon droit réclamer et *il réclamera un jour* du côté de l'Allemagne l'annexion *d'une partie insignifiante du territoire limitrophe, enclaves* habitées par une population

— « ... *ayant les mêmes mœurs et le même esprit*
« *national que nous* »;

mais cette solution des difficultés n'offre pas de compensation « *équitable* » et d'ailleurs nous pensons qu'elle est depuis longtemps *résolue en principe* entre l'Empereur et le roi de Prusse.

Guillaume Ier, aux conférences de Londres, en 1864, a appuyé la motion de la France tendant à réunir au Danemark le Sleswig du Nord, et a promis de *s'en remettre au vote* pour déterminer les frontières dans les localités où réside une population mixte. En acceptant *ce principe* pour le Danemark, le roi de Prusse n'a-t-il pas *du même coup* tranché *la question des frontières allemandes du côté de la France?*

Nous sommes fermement persuadé qu'au moment de la solution *définitive* des problèmes européens, au moment du règlement des comptes entre Napoléon III et M. de Bismark, enfin de l'inauguration de l'Empire germanique, cette épineuse controverse avec la France sera aussi terminée par le libre suffrage des populations rhénanes.

L'annexion de Nice et de la Savoie, de même que

l'annexion *future* du Luxembourg et des *enclaves*
du Rhin est, nous l'avouons, « *une nécessité* » au
point de vue stratégique ; mais les contrées de la
rive gauche ont-elles préservé l'Empire sur son
déclin, ont-elles arrêté les armées de la coalition
en 1815 ?

La France est si forte

— « *...de son admirable unité, de sa nationalité in-*
« *destructible* », ...

si assurée et si inattaquable dans ses limites actuelles, qu'elle ne saurait être en rien et par personne menacée ni maintenant, ni plus tard. La
France de la Révolution, et la France de 1814
nous en donnent une preuve incontestable. Osa-
t-on même à cette époque toucher à son inviolable
unité ?

Nous le voyons donc, si Napoléon III est forcé
de réclamer *et certain d'obtenir* les compensations
dues à la France, le but de ces compensations ne
sera nullement de mettre le territoire français à
l'abri des entreprises ennemies, parce que le sol de la
France est sa *propriété* et ne peut appartenir
qu'à elle.

Les acquisitions demandées doivent être non-
seulement de nature à empêcher *une action col-*
lective contre la France ; mais encore, et avant
tout, à rendre à l'Empire matériellement agrandi

ce prestige irrésistible qui donnerait à sa voix dans le conseil collectif des monarques *l'importante autorité d'un arbitre suprême.*

Par suite, les acquisitions demandées doivent être de nature à payer les sacrifices de la France, à agrandir sa puissance *sur terre et sur mer* et aussi, ne l'oublions pas, *à créer des alliances naturelles* contre-balançant l'accroissement subit de ses voisins.

Sans ces alliances, les forces individuelles de la France, quelque immenses qu'on les suppose, ne garantissent pas suffisamment le maintien de l'ordre et de la « *paix universelle* » une fois « *établie et consolidée* » ; elles ne rendent pas encore possible le *désarmement général* de l'Europe.

> — « Pour que la paix universelle puisse *s'établir* « *et se consolider,* il faut que l'Angleterre *à l'Oc-* « *cident* et la Russie *à l'Est* soient *persuadées* par « la raison ou... *domptées par la victoire* (1)!

Ainsi donc, qu'on ne nous parle plus du comte de Bismark et de la Prusse ; « *c'est l'Angleterre et la Russie qui doivent être persuadées par la raison ou domptées par la victoire* » ; ce n'est pas sur le sol de l'Allemagne qu'il faut chercher des *compensations dignes de la France,* qui, marchant à la tête de l'Europe dans les voies de la civilisation et du progrès en sa qualité de « *propagatrice* » *et de gar-*

---

(1) *Des Idées Napoléoniennes,* p. 127.

dienne des grandes idées bonapartistes doit , même dans les rapports avec ses « *voisins* », même dans sa politique...

— « ... *s'élever au-dessus des préjugés étroits et* « *mesquins* d'un autre âge (1)! »

Cessons donc une fois pour toutes nos « *mes-quines* » *jérémiades* sur la frontière du Rhin.... N'oublions pas qu'en Afrique non moins qu'en Europe existent les questions *des frontières natu-relles de la France*, *et que nous n'avons pas creusé le canal de Suez pour les beaux yeux de l'Angleterre!*...

Croyons enfin que :

— « ... *il est plus digne* de notre pays de préférer à « des acquisitions de territoire *le précieux avantage* « de vivre en *bonne intelligence avec nos voisins,* « en respectant leur indépendance et leur natio-« nalité.

N'oublions pas que *nos alliés*

— « ... *profitent de nos conquêtes;* qu'en 1805 la « France *avait comme alliée la Prusse;* qu'Ulm « et Austerlitz *ont donné le Hanovre à la Prusse!*»

N'oublions pas que si Napoléon Ier...

— « ... s'est montré sans pitié pour la Prusse, *c'est* « *qu'il a été forcé de la combattre*, de la détruire;

---

(1) Circulaire de M. de la Valette, 16 septembre 1866.

— « elle, *qu'il eût voulu étendre, fortifier, agrandir,*
« pour assurer *par son concours l'immobilité de*
« *la Russie;* pour donner au système continental
« un développement incontesté et *pour forcer*
« *l'Angleterre à la paix* (1)! »

L'alliance franco-prussienne (2), en d'autres termes *l'alliance franco-germanique,* permettrait d'a-
planir *à l'amiable* toutes les difficultés qui existent
entre les deux nations, *fixerait pour l'avenir le sort
de la Belgique et de la Hollande,....* changerait immédiatement le grand-duché de Luxembourg en
un département et ouvrirait un vaste champ de
compensations « *équitables* » pour la France :

1° La *résurrection* d'une Pologne *libre et indépendante, sous le sceptre* D'UN BONAPARTE, la couronne
des Jagellons sur le front du cousin de l'Empereur, gendre du roi d'Italie et beau-frère du roi
de Portugal, et avec cela *l'union scandinave...*

N'est-ce pas la complète « *immobilisation de la
Russie* »?

2° L'union ibérique, l'Allemagne *libre et unie;*
l'Autriche « *concentrant ses forces à l'est de l'Europe* »,
réunissant toutes les nations magyaro-slaves en
une famille patriarcale ! La question d'Orient résolue *à l'avantage exclusif de la France, dès lors toute-*

---

(1) *Des Idées Napoléoniennes,* p. 123-124.

(2) *L'alliance franco-prussienne* existe depuis la guerre du Danemark (1863), *l'alliance franco-germanique* existera bientôt...

puissante dans la Méditerranée, jouissant de l'hégémonie sur tous les peuples de race latine, et d'une influence prépondérante à Tunis, à Tripoli et en Égypte...

N'est-ce pas « *l'Angleterre forcée à la paix* » ?

Le premier de ces deux *problèmes* se résout par *la coalition* de l'Europe contre la Russie ;

Le second par la *quadruple alliance* de la France, de la Prusse, de l'Italie et de l'Autriche !

— « Remplacer entre les nations de l'Europe *l'état*
« *de nature par l'état social*, telle était donc *la*
« *pensée de Napoléon I*ᵉʳ ; toutes ses combinaisons
« politiques *tendaient à cet immense résultat;* mais,
« pour y arriver, *il fallait amener l'Angleterre*
« *et la Russie à seconder franchement ses vues.* »

« Napoléon Iᵉʳ *avait déplacé les souverains*
« *dans l'intérêt momentané des peuples ;* en 1815,
« ou déplaça les peuples dans l'intérêt *particulier*
« des souverains. — Les hommes d'État de cette
« époque, ne consultant que des rancunes ou des
« passions, basèrent un équilibre européen *sur les*
« *rivalités des grandes puissances*, au lieu de
« l'asseoir *sur des intérêts généraux.*

« La politique de Napoléon Iᵉʳ consistait à fon-
« der une *association européenne* solide en faisant
« reposer *son système sur des nationalités com-*
« *plètes* et sur des intérêts généraux satisfaits.

« Si la fortune ne l'eût pas abandonné, il aurait
« eu dans ses mains tous les moyens de *constituer*
« l'Europe ; il avait gardé *en réserve* des pays en-

— « tiers dont il pourrait disposer *pour atteindre*
« *son but.* Hollandais, Romains, Piémontais, ha-
« bitants de Brême et de Hambourg, vous tous qui
« avez été étonnés de vous trouver Français, vous
« rentrerez dans l'atmosphère de nationalité qui
« convient à vos antécédents et à votre position, et
« la France, *en cédant les droits que la victoire*
« *lui avait donnés sur vous, agira encore dans*
« *son propre intérêt,* car son intérêt *ne peut se sé-*
« *parer de celui des peuples civilisés !*

« Pour cimenter *l'association européenne,* Na-
« poléon Ier, suivant ses propres paroles, eût fait
« *adopter un code européen,* une *cour de cassation*
« *européenne* (1) !

---

(1) Cette « *cour de cassation* », déjà « *adoptée* » par les cabinets, siége présentement à Paris sous la présidence de M. de la Valette; ce fait nous explique le véritable sens des paroles suivantes prononcées par Napoléon III, le 18 janvier 1869, lors de l'ouverture de la session des chambres :

« La conférence, qui vient d'avoir lieu pour étouffer en Orient un conflit imminent, *est un grand acte dont nous devons appré- cier l'importance.* »

Devant « *cette cour de cassation européenne* » ont comparu la Grèce et la Turquie. Mais l'attitude prévenante et bienveillante prise si inopinément par le cabinet des Tuileries à l'égard de celui de Saint-Pétersbourg, les bruits relatifs à une *entente intime* et même à une *alliance* entre les deux empires, bruits *qui compromettent la Russie aux yeux de la Prusse* et donnent à Guillaume Ier *le droit de se méfier de son antique alliée...* tout cela nous permet de prévoir que bientôt « *la cour de cassation européenne* » aura à juger des différends *improvisés à dessein* entre la France et l'Alle- magne. Il sera curieux alors de voir l'attitude que prendra le prince Gortschakoff *forcé de se prononcer* entre Napoléon III et le comte de Bismark. S'il sacrifie la France, il travaille indirectement et *contre son gré* à l'unification de l'Allemagne et il se voit *contre- carrer en Orient* par le cabinet des Tuileries; en prenant au con-

—   « C'est avec l'impression que laisse un rêve eni-
« vrant qu'on s'arrête sur le tableau de bonheur et
« de stabilité qu'eût présenté l'Europe, si... *les*
« *vastes projets* de Napoléon Ier *eussent été accom-*
« *plis !*

« Chaque pays circonscrit dans ses limites na-
« turelles, uni à son voisin par des rapports d'in-
« térêts et d'amitié, aurait joui à l'intérieur des
« bienfaits de l'indépendance, de la paix et de la
« liberté. Les souverains, exempts de crainte et de
« soupçons, ne se seraient appliqués qu'à amélio-
« rer le sort de leurs peuples et à faire pénétrer
« chez eux tous les avantages de la civilisation !...

« Au lieu de cela, qu'avons-nous maintenant en
« Europe ?...

« *L'Empereur n'est plus* (1) !... »

Par bonheur, nous pouvons aujourd'hui nous
écrier :

L'Empereur existe !... Il existe *et il sait* que, si la
Providence a remis une seconde fois les *destinées
du monde* entre les mains D'UN BONAPARTE, l'histoire
inflexible et le jugement de la postérité attendent
L'ACCOMPLISSEMENT DES PROMESSES SOLENNELLEMENT JU-
RÉES AUX PEUPLES !

---

traire une attitude *équivoque* à l'égard de la Prusse, il donnera à
M. de Bismark, *qui ne demande pas mieux,* de nouvelles *raisons
pour se détacher irrévocablement de la Russie et se jeter dans
les bras de la France....*

(1) *Des Idées Napoléoniennes,* p. 13, 145, 146.

FIN.

TABLE DES MATIÈRES.

www.ingramcontent.com/pod-product-compliance
Lightning Source LLC
Chambersburg PA
CBHW051242050726
47594CB00001B/266